张振江 编著

励志兴国
LIZHI XINGGUO

济南出版社

序言
XU YAN

爱国热情激扬青少力量

爱国主义是推动中国社会前进的巨大力量，是各族人民共同的精神支柱，是社会主义精神文明建设的重要组成部分，更是引导广大青少年树立正确理想信念、培育时代新人的战略工程。

在中华民族五千年的发展历程中，爱国主义激励着一代代中华儿女为祖国的繁荣发展不懈奋斗。从"盘古开天""精卫填海"到"大禹治水""愚公移山"等感人故事中，反映出中华民族不畏艰险、拼搏奉献、创造美好生活的进取基因，为世世代代中华儿女注入了一股"励志兴国"的强大力量。从"岳飞精忠报国""戚继光抵御倭寇"到"文天祥碧血丹心""夏明翰追求真理"的血性胆气中，释放出的是舍生取义、气壮山河"精忠报国"的赤诚情怀。"万里长征雪雕魂""铁流后卫打冲锋""狼牙山捐躯为国"等彪炳史册的壮举，记录了无数优秀中华儿女为救亡图存浴血杀敌，为民族独立和人民解放"铁血建国"的牺牲奉献。中华人民共和国成立以来，中国共产党领导人民以前所未有的爱国热情推动社会主义革命和建设，实现了中华民族有史以来最为广泛和深刻的社会变革。改革开放以来，党领导人民大力弘扬民族精神和时代精神，解放思想，锐意进取，创造了改革开放和社会主义现代化建设的伟大成就。进入新时代，党把实现中华民族伟大复兴的中国梦作为当代中国爱国主义的鲜明主题，团结带领人民推动党和

LOVE MY CHINA

国家事业取得历史性成就、发生历史性变革。在波澜壮阔的革命斗争和建设发展征程中，涌现出许多可歌可泣的英雄模范，像钱学森、雷锋、杨善洲、杜富国等"奋进强国"的先进人物，他们既是爱国主义的杰出代表，又是爱国主义教育的生动教材。

《中华人民共和国爱国主义教育法》于2024年正式实施，标志着爱国主义教育进入崭新阶段。该法规在规定面向全体公民开展爱国主义教育的同时，突出强调要抓好学校和家庭对青少年的教育。要教育引导青少年更好认识和认同中华文明，增强做中国人的志气、骨气、底气。"自古英雄出少年""少年强则国强"。爱国主义成为亿万青少年融入血脉的精神基因，积淀出最深层、最持久、最赤忱的民族情感。爱国主义是党领导青少年成长的一面光辉旗帜，广大青少年坚决响应党的号召，积极投身伟大斗争、伟大工程、伟大事业、伟大梦想的实践，为党和国家事业贡献了青少力量。

青少年朋友们，摆在你们面前的这套"爱我中国"系列图书，是励志的样板、做人的楷模、催征的战鼓，蕴含着榜样和文化的精神能量。青少年们生在伟大的国家，长在伟大的时代，只要铸牢信仰的基石，把祖国和人民放在心中最高位置，就一定能够奏响"请党放心，强国有我"的旋律，用爱国之情、强国之志、报国之行去书写属于你们的壮丽华章吧！

目录

一　从盘古开天到命运与共　01

二　从烛龙圣神到人工降雨　09

三　从夸父追日到天眼伫立　17

四　从精卫填海到蛟龙深潜　29

五　从后羿射日到绿水青山　37

六　从嫦娥奔月到神舟飞天　45

爱我中国
励志兴国

七	从愚公移山到三峡赋能	55
八	从仓颉造字到网云空间	65
九	从大禹治水到南水北调	73
十	从七星闪烁到北斗组网	81
十一	从神农创耒到现代农业	91
十二	从女娲补天到登月探宝	101
	后　记	111

LIZHI XINGGUO

一

从盘古开天到命运与共

★ 盘古开天：追求光明的强大力量

辽阔的天空，广袤的大地，给今天的人们带来许多幸福快乐的体验，然而远古的宇宙则处在混沌之中。追求光明的中国先民，用自己神奇的力量去开拓创造，才出现了一个充满生机的世界。

爱我中国
LOVE MY CHINA

盘古开天

世界上大大小小的国家和地区，不管东方还是西方，几乎每一个国家和地区都有自己最美丽的创世传说。西方人说世界是上帝创造的，上帝先创造了男人亚当，然后又用亚当的一根肋骨创造了夏娃，此后才有了人类。而古代中国人则认为世界是由盘古开天辟地之后女娲创造了人类。

大约在三百多万年以前，太阳系的地球上，天地还没有形成，到处混沌一片，分不清上下左右，也辨不出东西南北，整个世界就像一个中间有核的浑圆体。人类的祖先盘古便在浑圆体的核心中孕育。

盘古经过了一万八千年才有了生命。当他有了知觉的那一刻，便迫不及待地睁开了眼睛。可是周围一片黑暗，他什么都看不见。急切间，他拔下自己的一颗牙齿，把它变成威力巨大的神斧，抡起来用力向周围劈砍。浑圆体破裂了，浮沉成两部分，一部分轻而清，一部分重而浊。轻而清者不断上升，变成了天；重而浊者不断下降，变成了地。盘古就这样生长于天地之间。

盘古在天地间不断长大，他的头在天

为神，他的脚在地为圣。天每日升高一丈，地每日增厚一丈，盘古每日生长两丈。如此一日九变，又经过了一万八千年，天变得极高，地变得极厚，盘古的身体也变得极长，就这样与天地共存了很多年。

盘古想用自己的身体创造出一个充满生机的世界，于是他微笑着倒了下去，把自己的身体奉献给大地。他的左眼飞上天空变成了太阳，给大地带来光明和希望；他的右眼飞上天空变成了月亮，两眼中的液体撒向天空，变成夜里的万点繁星。他的阳根化为伏羲，他的双乳化为女娲，他的汗珠变成了地面的湖泊，他的血液变成了奔腾的江河，他的毛发变成了草原和森林。他呼出的气体变成了清风和云雾；发出的声音变成了雷鸣。

盘古倒下时，他的头化作了东岳泰山（在山东），他的脚化作了西岳华山（在陕西），他的左臂化作了南岳衡山（在湖南），他的右臂化作了北岳恒山（在山西），他的腹部化作了中岳嵩山（在河南）。从此，人世间有了阳光雨露，大地上有了江河湖海，万物滋生，人类开始繁衍生息。

盘古开天辟地的神话故事，显然是古人对人类始祖的神化，却体现出中华民族向往光明、为人类社会造福的无私奉献伟大精神。

> **命运与共**
>
> 盘古开天的传说，充分展现了中华民族追求光明、造福人类、营造大同世界的胸襟与追求。有了这样一个辽阔的目标牵引，人类就一定会珍爱共同的家园，从而升华"命运与共"的情怀，并为建设和平美好的世界而不懈努力。

人类只有一个地球，一个世界。2011年《中国的和平发展》白皮书提出，要以"命运共同体"的新视角，寻求人类的共同利益和共同价值的新内涵。

2012年11月，党的十八大明确提出要倡导"人类命运共同体"意识。国际社会日益成为一个你中有我、我中

命运与共

MING YUN YU GONG

　　有你的"命运共同体",面对世界经济的复杂形势和全球性问题,任何国家都不可能独善其身。"命运共同体"是中国政府反复强调的关于人类社会的新理念。"人类命运共同体"这一全球价值观包含相互依存的国际权力观、共同利益观、可持续发展观和全球治理观。

　　当今世界面临着百年未有之大变局,政治多极化、经济全球化、文化多样化和社会信息化潮流不可逆转,各国间的联系和依存日益加深,但也面临诸多共同挑战。粮食安全、资源短缺、气候变化、网络攻击、人口爆炸、环境污染、疾病流行、跨国犯罪等全球非传统安全问题层出不穷,对国际秩序和人类生存都构成了严峻挑战。不论人们身处何国、信仰如何、是否愿意,实际上已经处在一个命运共同体中。与此同时,一种以应对人类共同挑战为目的的全球价值观已开始形成,并逐步获得国际共识。

【延伸阅读】中国式现代化

从"盘古开天"的神话传说到"命运与共"的目标追求，这是对世界从哪里来，人类向何处去的深入思考和正确选择，彰显了中华民族对人类文明的杰出贡献。应对飞速发展的科技文化和不断变化的现实世界，我们不仅要实现美好生活的目标，更要把中国式现代化不断推向新阶段。

中国式现代化，是中国共产党领导的社会主义现代化，既有各国现代化的共同特征，更有基于国情的中国特色。

中国式现代化的本质要求是：坚持中国共产党领导，坚持中国特色社会主义，实现高质量发展，发展全过程人民民主，丰富人民精神世界，实现全体人民共同富裕，促进人与自然和谐共生，推动构建人类命运共同体，创造人类文明新形态。

中国式现代化是人口规模巨大的现代化。我国十四亿多人口整体迈进现代化社会，规模超过现有发达国家人口的总和，艰巨性和复杂性前所未有，发展途径和推进方式也必然具有自己的特点。我们始终从国情出发想问题、作决策、办事情，既不好高骛远，也不因循守旧，保持历史

耐心，坚持稳中求进、循序渐进、持续推进。

中国式现代化是全体人民共同富裕的现代化。共同富裕是中国特色社会主义的本质要求，也是一个长期的历史过程。我们坚持把实现人民对美好生活的向往作为现代化建设的出发点和落脚点，着力维护和促进社会公平正义，着力促进全体人民共同富裕，坚决防止两极分化。

中国式现代化是物质文明和精神文明相协调的现代化。物质富足、精神富有是社会主义现代化的根本要求。物质贫困不是社会主义，精神贫乏也不是社会主义。我们不断厚植现代化的物质基础，不断夯实人民幸福生活的物质条件，同时大力发展社会主义先进文化，加强理想信念教育，传承中华文明，促进物质的全面丰富和人的全面发展。

中国式现代化是人与自然和谐共生的现代化。人与自然是生命共同体，无止境地向自然索取甚至破坏自然必然会遭到大自然的报复。我们坚持可持续发展，坚持节约优先、保护优先、自然恢复为主的方针，像保护眼睛一样保护自然和生态环境，坚定不移走生产发展、生活富裕、生态良好的文明发展道路，实现中华民族永续发展。

中国式现代化是走和平发展道路的现代化。我们坚定站在历史正确的一边、站在人类文明进步的一边，高举和平、发展、合作、共赢旗帜，在坚定维护世界和平与发展中谋求自身发展，又以自身发展更好维护世界和平与发展。

二、从烛龙圣神到人工降雨

★ 烛龙圣神：滋润世界的奉献精神

　　四季分明的世界，风调雨顺的环境，给人们的工作和生活带来了便利，为万物的生长创造了条件。然而，这样的环境不是等来的，是"烛龙圣神"发挥自身的能动作用赢得的。这样的生动故事表明了中华民族自我奉献、改造自然的进取精神。

爱我中国
LOVE MY CHINA

烛龙圣神

盘古开天辟地以后,虽然天地变得丰富多彩了,但是世界的各种秩序还没有建立起来。好在这个时候,烛龙圣神诞生了,他不吃不喝、无休无止地工作着,用自己的力量让四季循环往复地运转起来,他的无私奉献赢得了人们的敬仰。

盘古开天辟地之后,宇宙间便有了江河湖海、日月星辰。世界变得绚丽多彩了。可是新的问题又出现了。

或许因为太阳和月亮全都如初生牛犊,所以性格还很莽撞,它们犹如两个淘气的孩子,时而在平原上奔跑,时而在高空中飞行,时而在森林里穿梭,时而又跳进大海嬉戏……整个世界完全没有规则和秩序。就在这时,宇宙间又诞生了一位神圣的神。他住在赤水以北的章尾山上,名字叫烛龙。

烛龙圣神的长相十分奇特,面孔跟人一样,身子却是一条长长的蛇身。他的两只眼睛好像两颗倒立的橄榄一样,异常明亮。他一睁开眼睛,整个世界就被照得亮如白昼;他一闭上眼睛,整个世界便被笼罩在夜幕之中。烛龙圣神的眼睛就这样睁

了又闭，闭了又睁，无休无止地为世界服务着。烛龙圣神呼一口气，便到了夏天；吹一口气，便到了大地被冰雪覆盖的冬天。随着他有规律的一呼一吸，一年四季就这样循环往复，不停运转起来。

烛龙圣神不需要吃喝，也不需要休息，仿佛从来不知道疲倦。有时，他看到地上的人们遭受了灾难，就会情不自禁地流下同情的泪水，这泪水一落到人间，就变成雨水，滋润着世界万物，让它们不断生长。

传说中的烛龙圣神具有无私奉献的精神，人们发自内心地敬仰这位神明。

人工降雨

"烛龙圣神"是一个美丽的传说，人工降雨则是一个现实的存在。人工降雨是科技的力量，是人工影响与自然结合的时代景观，是"烛龙圣神"这一故事的"现代版"。

人工降雨又称人工增雨，是指根据自然界降水形成的原理，人为补充某些形成降水的必要条件，促进云滴迅速凝结或碰撞并增大成雨滴，降落到地面的过程。

其方法是根据不同云层的物理特性，选择合适时机，用飞机、火箭向云中播撒干冰、碘化银、盐粉等催化剂，

人工降雨

REN GONG JIANG YU

使云层降水或增加降水量,以解除或缓解农田干旱、增加水库灌溉水量或供水能力,或增加发电水量等。中国最早的人工降雨试验是在1958年,吉林省当年夏季遭受到60年未遇的大旱,成功进行人工降雨。

人工增雨分为暖云增雨与冷云增雨。要使暖云(温度高于0℃的云)降水或增雨,要在云中播撒吸湿性粒子,促使大云滴发展成雨滴,导致形成或增加雨水。若要冷云(温度低于0℃的云)降水,就要用飞机等播撒干冰等催化剂,从而产生大量冰晶,使冷云上部的冰晶密度增大,促成或增加降水。

人工影响云的微物理过程,可以在一定条件下使本来不能自然降水的云受激发而降水,也可使那些水分供应较多、往往能自然降水的云,提高降水效率而增加降水量。但不能自然降水的云能供应的水分较少,因此人工催化的经济价值有限。

催化作业的方式大体有三种：

一是以在地面布置燃烧炉为主手段。催化剂依靠山区向阳坡在一定时段常有的上升气流输送入云。这种方式的优点是经济、简便，其明显的缺点是难以确定催化剂入云的剂量。这种方式主要适合于经常有地形云发展、交通不便的山区。

二是以高炮和火箭为主的地面作业。由于增程焰剂炮弹和焰剂火箭的研制成功，将催化剂在合适的时段按需要的剂量输送到云的合适部位的问题已基本上获得解决。其缺点是虽已有车载火箭装备，可在一定范围内移动，但相对于飞机机动性仍差，适合于在固定目标区（如为水库增水）作业，特别是对飞机飞行安全有威胁的强大对流云进行的催化作业。

三是飞机催化作业。飞机催化作业的面比较宽，可以根据不同的云层条件和需要，选用暖云催化剂及其播撒装置，选用制冷剂及其播撒装置（如干冰、液氮），也可挂载一种燃烧炉、挂载飞机焰弹发射系统。

【延伸阅读】中国的气候

> 气候是一种客观的存在,是大千世界的"调色板"。在气候这些自然现象面前,人的能动性可以参与其中,发挥作用。比如,植树造林可以涵养水源、增加含氧量,绿色低碳的发展策略可以优化气候环境等。

中华人民共和国幅员辽阔,气候复杂多样,跨纬度较广,距海远近差距较大,加之地势高低不同,地形类型及山脉走向多样,因而气温降水的组合多种多样,形成了多种多样的气候。

从气候类型上看,东部属季风气候,西北部属温带大陆性气候,青藏高原属高寒气候。从温度带划分看,有热带、亚热带、暖温带、中温带、寒温带和青藏高原区。从干湿地区划分看,有湿润地区、半湿润地区、半干旱地区、干旱地区之分。而且同一个温度带内,可含有不同的干湿区;同一个干湿地区中又含有不同的温度带。因此在相同的气候类型中,也会有热量与干湿程度的差异。地形的复杂多样,也使气候更具复杂多样性。

季风气候显著,中国大部分地区的气候具有夏季高温多雨、冬季寒冷少雨、高温期与多雨期一致的季风气候特

征。由于中国位于世界最大的大陆（亚欧大陆）东部，又在世界最大的大洋（太平洋）西岸，西南距印度洋也较近，因此气候受大陆、大洋的影响非常显著。冬季盛行从大陆吹向海洋的偏北风，夏季盛行从海洋吹向陆地的偏南风。冬季风产生于亚洲内陆，性质寒冷、干燥、在其影响下，中国大部地区冬季普遍降水少，气温低，北方更为突出。夏季风来自东南面的太平洋和西南面的印度洋，性质温暖、湿润，在其影响下，降水普遍增多，雨热同季。中国受冬、夏季风交替影响的地区广，是世界上季风最典型、季风气候最显著的地区。和世界同纬度的其他地区相比，中国冬季气温偏低，而夏季气温又偏高，气温年较差大，降水集中于夏季，这些又是大陆性气候的特征。因此中国的季风气候，大陆性较强，也称作大陆性季风气候。

气候条件的优势，复杂多样的气候，使世界上大多数农作物和动植物都能在中国找到适宜生长的地方，使中国农作物与动植物资源都非常丰富。例如玉米的故乡在墨西哥，引种到中国后却广泛种植，已成为中国重要的粮食作物之一。红薯最早引种在浙江一带，在全国普遍种植。中国季风气候显著的特征，为中国农业生产提供了有利条件，因夏季气温高，热量条件优越，这使许多对热量条件需求较高的农作物在中国种植范围的纬度远比世界上其他同纬度国家的偏高，例如水稻可在北纬52°的黑龙江省呼玛县种植。夏季多雨，高温期与多雨期一致，有利于农作物生长发育。

三

从夸父追日到天眼伫立

★ 夸父追日：勇于奋献的高尚境界

在人类繁衍生息的漫漫征途上，中华民族没有听天由命，而是拼搏进取。"夸父追日"的故事，生动形象地说明，幸福生活不是天上掉下来的，只有不懈奋斗、奉献付出，才能推动社会的进步繁荣。

爱我中国
LOVE MY CHINA

夸父追日

远古时候，在北方荒野中，有座巍峨雄伟、高耸入云的高山。在山林深处，生活着一群力大无穷的巨人。他们的首领，是幽冥之神"后土"的孙儿，"信"的儿子，名字叫作夸父。因此这群人就叫夸父族。他们身强力壮，高大魁梧，意志坚强，气概非凡，还心地善良，勤劳勇敢，过着与世无争、逍遥自在的日子。

那时候大地荒凉，毒蛇猛兽横行，人们生活凄苦。夸父为使本部落的人们能够活下去，每天都率领众人跟洪水猛兽搏斗。

夸父常常将捉到的凶恶的黄蛇，挂在自己的两只耳朵上作为装饰，抓在手上挥舞，并引以为荣。

有一年，天气非常热，火辣辣的太阳直射在大地上，烤死庄稼，晒焦树木，河流干涸。人们热得难以忍受，夸父族的人纷纷死去。

夸父看到这种情景很难过，他仰头望着太阳，告诉族人："我要追上太阳，捉住它，让它听人的指挥。"族人听后纷纷劝阻。

有的人说："你千万别去呀，太阳离

我们那么远，你会累死的。"

有的人说："太阳那么热，你会被烤死的。"

夸父心意已决，发誓要捉住太阳，让它听从人们的吩咐，为大家服务。他看着愁苦不堪的族人，说："为大家的幸福生活，我一定要去。"

太阳刚刚从海上升起，夸父告别族人，怀着雄心壮志，从东海边上向着太阳升起的方向，迈开大步追去，开始他逐日的征程。

太阳在空中飞快地移动，夸父在地上如疾风般拼命地追呀追。他穿过一座座大山，跨过一条条河流，大地被他的脚步震得"轰轰"作响，来回摇摆。

夸父跑累的时候，就微微打个盹，将鞋里的土抖落在地上，于是形成大土山。饿的时候，他就摘野果充饥，有时候夸父也煮饭。他用三块石头架锅，这三块石头，就成了三座鼎足而立的高山。

夸父追着太阳跑，眼看离太阳越来越近，他的信心越来越强。越接近太阳，就渴得越厉害，已经不是捧起河水喝就可以止渴的了。但是，他没有害怕，并且一直鼓励着自己："快了，就要追上太阳了，人们的生活就会幸福了。"

经过九天九夜，在太阳落山的地方，夸父终于追上了它。红彤彤、热辣辣的火球，就在夸父眼前。他的头上，万道金光沐浴在他身上。

夸父无比欢欣地张开双臂，想把太阳抱住，可是太阳炽热异常，夸父感到又渴又累。他就跑到黄河边，一口气把黄河之水喝干；他又跑到渭河边，把渭河水也喝光，仍不解渴；夸父又向北跑去，那里有纵横千里的大泽，大泽里的水足够夸父解渴。但是，夸父还没有跑到大泽，就在半路上被渴死了。夸父临死的时候，心里充满遗憾，他还牵挂着自己的族人，于是将自己手中的木杖扔出去。木杖落地的地方，顿时生出大片郁郁葱葱的桃林。这片桃林终年茂盛，为往来的过客遮阳，结出的鲜桃为勤劳的人们解渴，让人们能够消除疲劳，精力充沛地踏上旅程。

夸父逐日的故事向人们展现了夸父为了族人的幸福生活而勇于献身的精神，充分地反映了古代先民勇敢地与自然灾害做斗争的事实。这个世界正是有了夸父和无数个与夸父一样勤劳、勇敢、坚定不移、不怕牺牲的人们，前仆后继和奋勇向前，才有了社会的进步、人类文明与科技的发展。

天眼伫立

支起天眼瞭望太空，这是中国人民驾驭科技、探索世界的壮举，这也是"夸父追日"精神的赓续。追日，追来的是人类文明的延续；天眼，探索的是更加高远的空间。

爱我中国
LOVE MY CHINA

在贵州深山之中，藏着一个令人惊叹的"国之重器"——中国天眼，即500米口径球面射电望远镜（FAST）。这个人类科学的杰作，如同一只巨大的"天眼"，凝视着浩瀚无垠的宇宙，探寻着宇宙深处的秘密。

天眼伫立

TIAN YAN ZHU LI

  500 米口径球面射电望远镜也就是大家所熟知的"中国天眼"，位于中国贵州省黔南布依族苗族自治州境内，是中国国家"十一五"重大科技基础设施建设项目。

  500 米口径球面射电望远镜于 2011 年 3 月 25 日动工兴建；于 2016 年 9 月 25 日进行落成启动仪式，该科技基础设施进入试运行、试调试阶段；于 2020 年 1 月 11 日通过中国国家验收工作，正式开放运行。

  500 米口径球面射电望远镜的反射面相当于 30 个足球场大，灵敏度达到世界第二大望远镜的 2.5 倍以上，大幅拓展人类的视野，可用于探索宇宙起源和演化。

  截至 2024 年 4 月 17 日，500 米口径球面射电望远镜（FAST）已发现超 900 颗新脉冲星，其中 FAST 优先和重大项目之一的银道面脉冲星巡天项目发现了 650 余颗脉冲星。900 余颗脉冲星中至少包括 120 颗双星脉冲星、170 颗毫秒脉冲星、80 颗暗弱的偶发脉冲星，这些发现极大拓展

了人类观察宇宙视野的极限。

中国天眼的建造历经了漫长的过程。自2011年开建以来，科学家们克服了无数困难，终于在2016年完成了这座世界上单口径最大、最灵敏的射电望远镜。它的建成不仅是中国科技发展的里程碑，更是全球射电天文学领域的重大突破。

中国天眼景区群山环绕，远离城市喧嚣，为射电望远镜提供了一个宁静的观测环境。游客来到这里，可以参观天文体验馆和大射电观景台，深入了解中国天眼的奥秘。

天文体验馆是景区的重要组成部分，通过常设展区、高科技特种影院、主题活动区、科学艺术长廊及临展等多种形式，展示了宇宙、生命、人这三个永恒的话题。游客可以在这里沉浸于天文学的魅力，感受宇宙的壮阔与神秘。

大射电观景台则是景区的核心景点，也是游客最为期待的游览环节。在这里，游客可以亲眼看见中国天眼的壮观景象，感受这个令人震撼的人类科技奇迹。站在观景台上，眺望着巨大的射电望远镜，仿佛能感受到它与宇宙之间的微妙联系，令人不禁对未知的宇宙充满敬畏与好奇。

值得一提的是，中国天眼不仅对游客开放，还向全球科学家开放。作为世界上灵敏度最高的射电望远镜，中国天眼为全球的天文学研究提供了宝贵的观测平台。从"中国天眼"到"世界天眼"，它已经成为人类探索宇宙的重要工具，为解开宇宙之谜贡献力量。

此外，景区还特别注意了游客的体验与互动。在天文体验馆内，游客可以亲身体验各种天文现象，了解天文知识；在观景台上，游客可以与这个壮观的射电望远镜合影留念，记录下这难忘的一刻。景区还提供专业的导游服务，为游客讲解中国天眼的构造、功能和历史，让游客对中国天眼有更深入的了解。

如今的中国天眼景区已经成为国家AAAA级旅游景区，国内外众多游客及天文爱好者慕名而来。他们来到这里，不仅是为了欣赏这个壮观的射电望远镜，更是为了感受宇宙的奥秘和人类的探索精神。

如果你对天文感兴趣，或者对未知的世界充满好奇，不妨来到中国天眼景区一探究竟。在那里，不仅可以看到这个人类科技的杰作，更可以感受到人类对未知世界的探索与追求。相信在这片深山中，一定能找到属于自己的星辰大海。

【延伸阅读】宇宙的奥妙

"夸父追日",追逐这个飞速发展的世界;"天眼伫立",眺望着神奇的宇宙。大自然有多少未知,我们就会充满多少创造的空间,也就会产生多少创造的能量、多少去观察和驾驭的动力。

人类对世界的探索可以追溯到史前时代。早期的人类通过观察和感知自然界来理解世界,他们观察天空中的星体,研究气候和季节变化,掌握了火的使用和基本的农业技术,建立了与自然和谐相处的生活方式。

随着文明的兴起,人类开始更系统地探索世界。古希腊哲学家和科学家如亚里士多德、柏拉图等提出了一系列关于宇宙、自然和人类的理论。他们通过思辨和逻辑推理,尝试解释自然现象并揭示事物之间的关系。这些思想家的贡献为科学方法的形成奠定了基础。

在中世纪,科学研究受到宗教和哲学观念的限制,探索的进展相对缓慢。然而,文艺复兴和启蒙运动的兴起为科学研究注入了新的活力。伽利略、牛顿等科学家通过实验和观测,发现了一系列规律和定律,如地心说的否定、万有引力定律等,推动了自然科学的发展。

18世纪以后,工业革命的兴起和科学技术的迅猛发展,为人类对世界的探索提供了更多的手段和工具。随着物理学、化学、生物学等学科的形成和发展,人们对自然界的认识不断深化。例如,爱因斯坦的相对论理论革新了物理学的观念,揭示了时间、空间和能量的本质;达尔文的进化论则改变了生物学的研究方向,解释了生物多样性和物种起源。

20世纪以来,人类对世界的探索进入了一个全新的阶段。科学技术的突飞猛进,如电子计算机、核能技术、遥感技术等,为人类提供了更强大的工具和方法。宇宙学的发展揭示了宇宙的演化和结构,我们知道了星系的形成以及黑洞和暗能量的存在;基因组学和生物技术的突破使我们对生命的理解更加深入,提供了疾病治疗和基因工程的可能性。

除了自然科学的探索，人类还在其他领域展开了对世界的探索。人文学科如历史学、考古学等通过文献和遗址的研究，帮助我们了解人类社会和文明的发展轨迹；社会科学如经济学、心理学等通过调查和实证研究，揭示了人类行为和社会组织的规律。

人类对世界的探索是一个持续不断的过程，推动着人类文明和科学的进步。通过观察、实验和推理，人类不断拓展对自然界和人类本身的认知，解开了许多谜团，也提出了更多问题。这种探索的精神和活力将继续激励着人类追求知识和进步，为未来的发展开辟新的道路。

四

从精卫填海到蛟龙深潜

★ 精卫填海：宁死不屈的英雄气概

　　这是一个古老的传说，也是一个悲壮的故事。精卫填海表现的是为护佑众生的宁死不屈，而大海的神秘，又推动了探海神器的产生，这个神器有个响亮的名字——中国"蛟龙号"深海潜水器。

爱我中国
LOVE MY CHINA

精卫填海

精卫填海，是中国上古神话传说。

传说，炎帝有个女儿叫女娃，女娃聪明伶俐，活泼可爱，美丽非凡，炎帝十分喜欢她。一天，她走出小村，找小朋友玩耍，看到一个大孩子把小孩子当马骑。小孩都累趴下了，大孩子还不肯罢休。女娃走过去，指着大孩子的脑门怒斥道："你这个人太坏了，欺负小孩子算什么本事，有力气去打虎打熊，人们会说你是英雄。"

大孩子见女娃是个小姑娘，生得单薄文弱，根本不把她放在眼里。他从小孩背上跳下来，走到女娃面前说："我是海龙王的儿子，你是什么人？竟敢来管我！"女娃说："龙王的儿子有什么了不起，我还是神农的女儿呢，以后你少到陆地上撒野，小心我把你挂到树上晒干。"

龙王的儿子说："我先让你知道知道我的厉害，往后少管小爷的闲事。"说着动手就打。女娃从小跟着父亲上山打猎，手脚十分灵活，力气也不小，见对方蛮横无理，并不示弱，闪身躲开对方的拳头，飞起一腿，将龙王的儿子踢个嘴啃泥。

龙王的儿子站起来，不肯服输，挥拳

又打,被女娃当胸锤了一拳,打个仰面朝天。

他见打不过女娃,只好灰溜溜地返回大海。

过些天,女娃到海中游泳,正玩得十分开心,刚巧让龙王的儿子发现了。他游过来,对女娃说:"那天在陆地上让你捡了便宜,今天你跑到我家门前,赶快认个错,不然我兴风作浪淹死你。"

女娃倔强地说:"我没错,认什么错!"

龙王的儿子见女娃倔强,根本没有服输的意思,立即搅动海水,掀起狂风恶浪,女娃来不及挣扎,就被淹死了。

女娃不甘心死去,她的魂灵便化作了一只小鸟,名叫"精卫"。精卫长着花脑袋、白嘴壳、红脚爪,大小有点像乌鸦,住在北方的发鸠山。她被悲恨无情的海涛毁灭,又想到别人也可能会被夺走年轻的生命,因此不断地从西山衔来一条条小树枝、一颗颗小石头,丢进海里,想要把大海填平。她无休止地飞翔于西山和东海之间。

可是那咆哮的大海嘲笑道:"小鸟儿,算了吧,就算你干上百万年,也别想将我填平!"

但是翱翔在高空的精卫坚定地回答说:"就算干上千万年、万万年,我也要将你填平!"

她飞翔着,啸叫着,离开大海,又飞回西山去;把西山上的石子和树枝衔来投进大海。她就这样往复飞翔,从不休息,直到今天她还在做着这件事。

蛟龙深潜

"蛟龙深潜"不是报"精卫填海"的一箭之仇，而是为了揭开深海的神秘面纱，彰显我国科技的实力。而"精卫填海"的故事，无疑会给今天的闯海勇士们巨大的精神力量。

2012年6月21日，中国"蛟龙号"在全球最深的马里亚纳海沟，成功完成了7000米级海试，最大下潜深度达7062米，成为目前世界上最大下潜深度的作业型载人潜水器，使我国一举成为国际上继美、俄、法、日之后第五个掌握大深度载人深潜技术的国家，实现了跨越式发展。现在，人类可以亲临全球99.8%的海底了，深海的神秘面纱正在被慢慢揭开。

"蛟龙号"长8.2米、宽3.0米、高3.4米，空重质量不超过22吨，设计最大下潜深度为7000米，工作范围可覆盖全球海洋区域的99.8%。"蛟龙号"具备高速水声通信功能，可以轻松地将海底高清图片传送到水面母船上；其具备高精度的悬停定位功能，可以像直升机一样悬停在海底火山喷口附近观察研究，还可以像无人驾驶汽车一样，距离海底一定高度，按照设计路线自动潜航；它还具有两个7功能机械手，可灵活地操作工具，乘员三人，称得上是世界上极为先进的载人潜水器。

　　深海潜水器体现了一个国家的综合技术力量，是海洋技术开发的前沿与制高点。"蛟龙号"载人潜水器主要技术优势可概括为"五大特征"：一是在世界同类型潜水器中下潜深度最大，达7000米，这意味着"蛟龙号"可以在占世界海洋面积99.8%的广阔海域作业；二是具有针对作业目标稳定的悬停定位能力，这为"蛟龙号"完成高精度作业任务提供了可靠保障；三是具有先进的水声通信能力，可以高速传输图像和语音，方便母船及时获得"蛟龙号"水下信息；四是配备多种高性能水下作业工具，确保载人潜水器在极端复杂的海洋环境下完成多种作业任务；五是配备高分辨率测深侧扫声呐，能够同时获得海底的三维地形图和二维侧扫图，使其具备探测海底和水中小目标的能力。

【延伸阅读】辽阔的海疆

碧绿的海水，翻飞的浪花，归航的船帆，丰富的宝藏……为我们祖国的海疆而骄傲自豪，向海洋进军，向深海探宝，这是海洋强国的方略，这也是中华儿女的梦想。从"精卫填海"到"蛟龙深潜"，中国人不断深入探索海洋的秘密。

中国海疆辽阔广大，包括黄海、渤海、东海和南海四个海域。这些海域不仅面积大，而且资源丰富，对中国经济和国家安全都具有重要意义。

黄海是中国沿海地区最重要的海域之一，黄海水域内拥有丰富的渔业资源，如青岛、烟台等地的海产品出口量均居全国前列。此外，黄海还是中国沿海地区的战略要地，海域内有大量的石油和天然气资源，也是中国海军的重要活动区域。

渤海是中国最大的内陆海，位于华北平原以东。渤海海域内盛产虾、蟹、贝类等海产品，同时也是石油、天然气等能源资源的重要产区。渤海还是中国重要的航运枢纽之一，连接着中国的北方和东北地区。

东海是中国东部的一个海域，与朝鲜半岛、日本列岛

相邻。东海水域内有大量的油气、渔业和旅游资源。

南海是中国南部的一个海域，与菲律宾、越南、马来西亚、印度尼西亚等多个国家接壤。南海不仅是中国的一个重要海域，也是全球最为重要的航运通道之一。南海海域内拥有丰富的石油、天然气、渔业资源和海洋矿产资源。

党的十八大以来，我国高度重视海洋事业发展，就加强国家海洋事务管理，推动我国海洋强国建设，作出一系列重要部署，回应了世界对我国海洋发展的关切，解决了当前我国海洋领域面临的主权、安全和发展等核心重大现实问题，为把我国建设成为海洋经济发达、海洋科技先进、海洋生态健康、海洋安全稳定、海洋管控有力的新型海洋强国指明了方向、提供了根本遵循。

五、从后羿射日到绿水青山

★ 后羿射日：百折不挠的民本情怀

　　后羿历尽艰辛射落九个太阳，留下一个太阳，普照大地，万物尽显生机，给人间带来了光明与温暖，为众生送来了福音与吉祥，理应受到人民的崇敬。

爱我中国
LOVE MY CHINA

后羿射日

相传，很久很久以前，天上一共有十个太阳，这十个太阳是天帝的儿子，他们跟母亲，也就是天帝的妻子羲和一起生活在东海边。羲和经常把十个太阳放到东海里去洗澡。洗完澡后，十个太阳就像小鸟一样在一棵扶桑神树上栖息。由于每个太阳的外形都跟鸟差不多，因此他们都以扶桑为家，其中九个太阳在长得较低矮的树枝上栖息，剩下的那个太阳则栖息在树梢上。当黎明到来时，在树梢上栖息的那个太阳就坐着太阳车，穿越天空，向世界的各个角落散布光和热。

十个太阳实行轮班制，各自负责一天，如此循环往复，秩序井然，天地万物十分和谐。人和动物也相处得十分和谐。那时候的太阳给人们带来了时间、光明和欢乐，人们心中都对太阳充满感激和崇拜。

然而，时间一长，十个太阳不禁感到有些无聊，他们很想结伴同行，一起到天空中游历一番。他们深信，那一定会非常有趣。于是，当下一个黎明到来的时候，十个太阳一起爬上了太阳车，共同向天空进发。这样一来，大地上的万事万物就都

遭殃了。十个太阳犹如十个大火团，他们共同放出的热量把大地都烤焦了，烧死的人和动物更是不计其数。而那些幸存下来的人和动物则流离失所，四处寻找着能够躲避灾祸的地方、水和食物。

人间的帝王尧忧心不已，他没日没夜地跪在祭坛上，声泪俱下地请求天帝施以援手。看到人间种种触目惊心的惨状，听着尧一声声浸透着血泪的呼告，天帝再也无法坐视不理了，他召来了神射手后羿，让他到人间去把肆意横行的禽兽剿灭，同时把太阳们吓回扶桑。

后羿长得面若冠玉、眼若朗星、虎背猿臂、豹腹狼腰。他身配天帝所赐的彤弓和素箭，携着妻子嫦娥一同降临人间，后羿先是劝天空中的太阳们回到扶桑去，但是十个太阳都不肯听。眼见百姓越发难以承受毒日的烘烤，后羿决定为民除害，将为祸人间的太阳射杀。

后羿爬过了九十九座高山，跨过了九十九条大河，又穿过了九十九个峡谷，终于来到了东海边。他登上一座大山，大山脚下就是苍茫的大海。后羿拉开了万斤重的弓弩，搭上千斤重的利箭，瞄准天上火红的太阳。只听嗖的一声，一箭射出去，一个太阳应声而落。后羿又拉开弓弩射去，这一回有两个太阳同时被射了下来。剩下的七个太阳依然明晃晃地挂在天空。后羿感到酷热难耐，连忙又张弓搭箭将第三支箭射了出去，这一箭同时射落了四个太阳。一时之间，其余的太阳都被吓得瑟瑟发抖，而后羿一箭接一箭地射向太阳，无一虚发，九个太阳都没能逃脱。最后，后羿只留下了一个太阳，因为万物生长离不开太阳。

从那以后，这个太阳每天早上从东方的海边升起，晚上又从西边的山上落下，带给人间无限的光明和温暖。

绿水青山

既要绿水青山，也要金山银山，其实绿水青山就是金山银山，这是中国共产党执政为民宗旨的"生态篇"。"后羿射日"是护佑众生，"绿水青山"是造福于民。

改革开放初期，浙江安吉余村靠着开山采石成为远近闻名的"首富村"，老百姓腰包鼓起来了，生态环境却恶化了，烟尘笼罩、污水横流成为困扰群众的大问题。要"钱袋子"还是要"绿叶子"？在抉择的十字路口，2005年8月，时任浙江省委书记的习近平同志来到余村考察，以充满前瞻性的战略眼光，首次提出"绿水青山就是金山银山"。余村在这一重要理念的引领下，努力修复生态，用绿水青山敲开了经济发展的新大门，走出了一条生态美、百姓富的绿色发展之路。如今，这一新的发展理念已经从小山村走向了全中国，成为推进现代化建设的重大原则，成为全党全社会的共识和行动。

绿水青山和金山银山，是对生态环境保护和经济发展的形象化表达，这两者绝不是对立的，而是辩证统一的。"我们既要绿水青山，也要金山银山。宁要绿水青山，不要金山银山，而且绿水青山就是金山银山。"这深刻揭示了保护生态环境就是保护生产力、改善生态环境就是发展生产力的道理，清晰指明了实现发展和保护协同共生的新路径。经济发展不是对资源和生态环境的竭泽而渔，生态环境保护也不应是舍弃经济发展的缘木求鱼，而是要坚持在发展中保护、在保护中发展。发展是硬道理，但要考虑环境的承载能力，绝不能一味索取资源。我们种的"常青树"就是"摇钱树"，良好生态本身蕴含着无穷的经济价值，能够源源不断创造综合效益，实现经济社会可持续发展。

绿水青山既是自然财富、生态财富，又是社会财富、经济财富。"草木植成，国之富也。"巍巍高山、茫茫草原、茂密森林、碧海蓝天、洁净沙滩、湖泊湿地、冰天雪地等既是大自然的慷慨馈赠，也是人类永续发展的最大本钱。绿水青山是基础性和本源性的财富，离开了绿水青山，人类社会的一切财富都将成为无源之水、无本之木。

【延伸阅读】绿水青山就是金山银山

> 绿水青山就是金山银山，蓝天白云也是真金白银。清清的泉水、蓝蓝的天空，是国家战略，是民之所盼。我们为祖国的壮丽河山骄傲，为宜人的生态环境自豪。

"绿水青山就是金山银山"。这个理念强调了保护环境和推动可持续发展之间的密切关系。

传统上，人们往往把经济发展和环境保护视为矛盾的两个方面。"绿水青山就是金山银山"的理念试图打破这

种观念，强调了生态环境与经济社会发展的紧密联系。

"绿水青山"代表着美丽的自然景观、清新的空气、优质的生态资源等，体现了人们对于良好生态环境的追求。而"金山银山"则象征着经济资源的富饶和财富的积累。

只有在保护好绿水青山的基础上，才能实现金山银山的持续发展。也就是说，只有确保生态环境的健康和可持续性，才能够为经济的长期发展提供坚实的基础。

这个理念在中国的政策制定和实践中得到了广泛应用。中国政府出台了一系列环境保护和生态建设的政策措施，推动着绿色发展、低碳经济和可持续发展的进程。这包括加强环境保护、治理污染、推动清洁能源的利用等方面。

"绿水青山就是金山银山"的提出，体现了中国政府对于环境保护和可持续发展的重视。通过平衡经济发展和生态环境保护，中国正在朝着可持续、健康、绿色的发展道路迈进。

六

从嫦娥奔月到神舟飞天

★ 嫦娥奔月：向往自由的美丽传说

嫦娥奔月是一则古老的传说，寄托了人们对自由幸福生活的追求与向往，也吸引青少年对月宫和天庭产生无限的遐想，激发出探索太空的兴趣。"可上九天揽月"已变成了现实，只不过飞天的勇士不是嫦娥，而是当今的中华优秀儿女。

爱我中国
LOVE MY CHINA

嫦娥奔月

后羿射日拯救了天下苍生，却给自己带来了麻烦。他射死的九个太阳毕竟是天帝的儿子，天帝得知九个儿子被杀死后，一怒之下便将后羿和他的妻子嫦娥贬为凡人。

后羿和嫦娥来到人间之后，后羿觉得对不起受他连累而下凡的妻子。他听说昆仑山上住着一位西王母，她那里有仙药，吃了仙药之后就可以飞升成仙。于是，后羿跋山涉水，历经波折，来到了昆仑山，向西王母求取仙药。可是，西王母的仙药只有一颗，而且西王母告诉后羿，这仙药只有吞下一整颗才能见效。

后羿不想和嫦娥分开，于是，后羿一到家，就把仙药交给嫦娥，让嫦娥好好保管仙药，并把西王母对自己说的话一字不落地告诉了嫦娥，不料，这些话都被屋外后羿的徒弟逢蒙听到了。

逢蒙为人十分奸诈，他心想：等后羿不在家的时候，我就去把这颗仙药偷过来，这样我就可以飞升成仙了。

八月十五这天，后羿带着徒弟们一起外出打猎，逢蒙便假装生病，留了下来。

等后羿和其他人都走了之后，逢蒙带着一把宝剑，闯入嫦娥的屋子，威逼嫦娥交出仙药。

嫦娥深知自己不是逢蒙的对手，但又想不出别的办法不让仙药被逢蒙拿走，于是，嫦娥转身打开了放着仙药的百宝箱，拿出了仙药吞了下去。

嫦娥吞下仙药之后，身体立刻变得轻盈起来，双脚也逐渐地离开了地面，整个人不由自主地冲出窗口，向天上飞去。嫦娥越飞越高，这时的夜空中挂着一轮明月，嫦娥一直朝着月亮飞去。

后羿外出回来后，一听到嫦娥飞到了月亮上的消息，悲痛欲绝。后羿立刻冲出门外，一边连声呼唤嫦娥的名字，一边拼命地朝着月亮追去。可是，后羿向前追几步，月亮就向后退几步，他怎么也追不上，最后，后羿只能望着月亮出神。这时，他发现天空中的月亮格外皎洁明亮，里面还有一个特别像嫦娥的身影，于是，后羿急忙在后花园里摆上香案，放上嫦娥最喜欢吃的蜜食香果，希望妻子能够感受到自己对她的思念。

百姓听说嫦娥奔月成仙之后，纷纷在院子里摆设香案，向嫦娥祈求吉祥平安。从此，中秋节拜月的风俗便在民间传开了。

神舟飞天

"可上九天揽月",这是中华民族的飞天梦想。今天,神舟载人飞船的一次次精彩亮相,书写了航天强国的华章。我们祝愿我国的神舟飞船在新时代新征程上飞得更高,飞得更远。

1992年9月,中共中央决策实施载人航天工程,并确定了中国载人航天"三步走"的发展战略:

第一步，发射载人飞船，建成初步配套的试验性载人飞船工程，开展空间应用实验；

第二步，突破航天员出舱活动技术、空间飞行器交会对接技术，发射空间实验室，解决有一定规模的、短期有人照料的空间应用问题；

第三步，建造空间站，解决有较大规模的、长期有人照料的空间应用问题。

工程前期通过实施四次无人飞行任务，以及神舟五号、神舟六号载人飞行任务，突破和掌握了载人天地往返技术，使中国成为第三个具有独立开展载人航天活动能力的国家，实现工程第一步任务目标。通过实施神舟七号飞行任务，以及天宫一号与神舟八号、神舟九号、神舟十号交会对接任务，突破和掌握了航天员出舱活动技术和空间交会对接技术，建成中国首个试验性空间实验室，标志工程第二步第一阶段任务全面完成。

2010年，中共中央批准载人空间站工程立项，分为空间实验室任务和空间站任务两个阶段实施。

空间实验室阶段主要任务是：突破和掌握货物运输、航天员中长期驻留、推进剂补加、地面长时间任务支持和保障等技术，开展空间科学实验与技术试验，为空间站建造和运营奠定基础、积累经验。通过实施长征七号首飞任务，以及天宫二号与神舟十一号、天舟一号交会对接等任务，标志工程第二步任务目标全部完成。

空间站阶段的主要任务是：建成和运营中国近地载人空间站，掌握近地空间长期载人飞行技术，具备长期开展近地空间有人参与科学实验、技术试验和综合开发利用太空资源能力。中国载人航天已全面迈入空间站时代，已于2022年完成空间站在轨建造任务。

2022年，中国航天科技集团并行开展神舟十七号、神舟十八号地面研制工作。同年12月，神舟十八号的总装测试工作进行。

2023年，中国载人航天按计划执行两船次返回、两船次交会对接、三船次应急支援待命，涉及神舟十五号至神舟十八号共4艘神舟飞船。载人飞船任务将保持高密度、多船并行研制状态，每半年发射一艘载人飞船成为常态。

2023年5月29日媒体报道，神舟十八号和神舟十九号正在进行出厂前的整船总装和测试工作，该批次的其他飞船已经进入单机研制阶段。

2023年8月31日，中国载人航天工程办公室正式发布《2024年度载人航天飞行任务标识征集活动公告》，面向社会公开征集包括神舟十八号载人飞行任务标识设计方案在内的2024年度载人航天飞行任务标识。

2024年1月18日央视网报道，中国载人航天工程副总设计师杨利伟介绍，神舟十八号和神舟十九号两个飞行乘组的6名航天员已经确定，正在进行针对性较强的训练。此外，中国载人登月将加速稳步推进。

2024年2月中国载人航天工程办公室消息，中国载人航天工程规划了2次载人飞行任务和2次货运飞船补给任务，天舟七号货运飞船补给任务已于1月完成，后续还将陆续实施神舟十八号和神舟十九号2次载人飞行任务及天舟八号货运飞船补给任务。

2024年3月31日，载人航天工程版月历公布，计划于4月下旬发射神舟十八号载人飞船、迎接神舟十七号乘组返回。

2024年4月，根据任务安排4月发射神舟十八号载人飞船。在酒泉卫星发射中心，神舟十八号船箭组合体正垂直转运至发射区。

2024年4月17日，神舟十八号载人飞船与长征二号F遥十八运载火箭组合体，总重量400多吨，总高度近60米，已抵达发射区，计划近日择机实施发射。

2024年4月23日，神舟十八号载人飞行任务进行了最后一次全区合练和全系统气密性检查。火箭、飞船完成加电性能测试，航天员及发射场各系统进行全流程发射演练，均状态良好。

【延伸阅读】人类走向太空时代

在人类千年以来探索太空宇宙的历程中，数个里程碑的时刻记载了这部伟大的史诗，对天空孜孜不倦的探索，构成了人类对于浩瀚无际的宇宙无限遐想。

从瞭望天空到探索太空，再到利用太空，中国人的飞天梦想终于成为现实。

人类走向太空时代是指人类在科技和探索的推动下，逐渐开始进入和利用太空的过程。自从人类首次登上月球以来，太空探索已经成为国际社会的共同目标，并取得了许多重要的成就。

太空探索的发展可以追溯到20世纪中期，当时苏联和美国进行了激烈的太空竞赛。1961年4月12日，苏联的尤里·加加林成为第一个进入太空的人，完成了历史性的航天飞行。1969年7月20日，美国宇航员尼尔·阿姆斯特朗成为第一个登上月球的人。

自那时以来，太空探索取得了长足的进展。人类在太空中建立了国际空间站（ISS），进行了多次载人航天飞行，进行了众多科学实验和观测。太空技术也被广泛应用于通信、导航、气象预报和地球观测等领域。

随着科技的不断进步，人类对于太空的探索和利用也越来越深入。私营企业和国际合作机构参与到太空产业中，推动了商业航天的发展。例如，美国的 SpaceX 公司成功研发出可重复使用的火箭发射和回收技术，降低了太空探索的成本。

中华民族是勇于追梦的民族。嫦娥奔月、敦煌飞天，这些浪漫的神话故事生动展现了中华传统文化中对浩渺苍穹的想象和憧憬。中国坚持走自力更生、自主创新的航天发展道路，一步步实现了走出地球、探索宇宙、遨游太空的梦想，取得了一系列举世瞩目的辉煌成就，培育了深厚博大的航天精神，为建设航天强国奠定了坚实基础。

未来，人类走向太空时代的前景仍然十分广阔。太空探索和利用的领域包括月球、火星和其他行星的探测，资源开采，太空旅游，以及在太空中建立永久性的人类居住点等。这些努力将需要国际合作和技术创新，同时也带来了许多挑战，如宇航员的健康和安全、太空垃圾的处理等。总体而言，人类正在逐步迈向太空时代，这对于人类的科技、经济、文化和探索精神都具有深远的意义。太空探索的发展将为人类带来更多的知识、资源和可能性，并推动人类社会的进步和发展。

七

从愚公移山到三峡赋能

★ 愚公移山：感天动地的执着追求

愚公移山，是中国人民矢志攻坚克难的象征。愚公移掉的不仅是摆在面前的石头山，还有藏在脑子里的思想上的山。愚公移山感动了上苍，移山精神能唤起战胜一切困难的磅礴力量。

爱我中国
LOVE MY CHINA

愚公移山

太行、王屋两座大山，方圆有七百里，高达万丈，本来位于冀州的南面，河阳的北部。

山北有一位老人，名叫愚公，快90岁了，他家住在山的正对面。他感到山北交通阻塞，来回得绕路，很不方便，就将全家人召集在一起商量说："我和你们一起用全力把这两座大山搬掉，开辟一条通往豫州南部、直达汉水的大道，能行吗？"全家人异口同声地表示赞成。

只有他的妻子表示怀疑，对他说："凭您这点力气，连魁父那样的小山也平不了，又怎么能把太行、王屋这两座大山平掉呢？再说，挖出来的泥土、石块，又往哪里放呢？"

大家你一言我一语地说："把那些挖出来的泥土、石块，一部分扔到渤海的边上，一部分扔到隐土的北面去。"

于是，愚公就带领子孙中能挑担子的3个人，凿石头，挖土块，用畚箕和箩筐把泥土石块运到渤海边上去。他的邻居京城氏的寡妇，有一个遗腹子，才七八岁，也蹦蹦跳跳地来帮忙。他们从冬天到夏天，

才能往返运一次。

河曲有个名叫智叟的老人,他见愚公率子孙挖山不止,便来取笑并劝阻愚公说:"你真是太愚蠢了,像你这样大把年纪,这么点力气,恐怕连山上的一根茅草也拔不动,还能把这些泥土石块怎么样呢?"

北山愚公长长地叹了一口气说:"即使我死了,还有我的儿子在呀!儿子又生孙子,孙子又生儿子,儿子又生儿子,儿子又生孙子,子子孙孙,无穷尽的啊!可山是不会再增高了,挖一点,少一点,何愁挖不平呢!"河曲智叟被说得没话可说了。

山神听到愚公的这番话,害怕愚公再不停地挖下去,就把这件事原原本本地报告了天帝。天帝被愚公的精神所感动,就派大力士夸娥氏的两个儿子,背起这两座大山,一座放在朔方的东部,一座放在雍州的南部,从此以后,从冀州的南部到汉水的南岸,便没有高山阻隔了。

在徐悲鸿纪念馆珍藏着一幅名为《愚公移山》的油画作品。这幅作品创作于1940年,那是抗日战争极其艰苦、危急的时期,徐悲鸿先生在此时创作《愚公移山》,正是希望能以形象生动的艺术语言表达抗日民众的决心和毅力,鼓舞人民大众去争取抗战的最后胜利。

1939至1940年,应印度诗人泰戈尔之邀,徐悲鸿先生远赴印度举办画展,宣传抗日。当时中国对外的运输线路被日军封锁了,为了打通中国与外界的通道,几十万中国军民凭借简陋的工具，在中缅边境的高山峡谷、原始森林中，硬是凿出了一条滇缅公路，用来运输抗日物资。

听闻此事，深受感动的徐悲鸿先生，决定用形象生动的艺术语言来表达抗日民众的决心和毅力，鼓舞国人艰苦奋斗，团结一心，以求最终取得抗战的胜利。于是，他创作了这幅《愚公移山》。

作品中出现了中国历史传说中的人物形象，一方面展示出了开山壮汉的强健，体现了中国人民与困难顽强抗争的坚韧不拔的精神。同时，也让人感受到紧张劳作中那种坚定的意志。

这幅画展出后产生了很大的影响。身处民族解放斗争的艰辛、对胜利的渴望让蕴含在中国人血液中那种不怕牺牲、艰苦奋斗的精神开始沸腾。作品本身的构思和人物的塑造也使它成了中国现代美术史上的非凡实践。

在中国共产党倡导的抗日民族统一战线的旗帜下，不屈的中国人以国家的民族利益至上，誓死不当亡国奴，万众一心，同仇敌忾，不畏强暴，誓死与日本侵略者血战到底。

那段岁月里，千千万万个像徐悲鸿先生一样的爱国志士，他们或直接或间接地参与到这场战争中去，甚至不惜付出生命。我们始终不能忘记，在抗日战争那段艰苦的日子里，中国共产党为了民族解放的事业，也正像愚公一样，不怕困难，砥砺向前，才能团结各族人民，共同创造出属于中华民族的璀璨未来！

三峡赋能

三峡有水，三峡有坝，三峡拥有无尽的能量。以水润大地，以水润心田，以水赋能量，会让三峡变成看不够的风景。

三峡大坝位于长江上游，是长江防洪工程的重要组成部分。通过提高水库的防洪能力，三峡大坝可以有效减轻下游地区的洪水压力，保障沿江城市的防洪安全。

三峡大坝主要由挡水泄洪主坝体、发电建筑物、通航建筑物等建筑组成，包括一座混凝土重力坝、泄洪闸、一

座堤后式水电站、一座永久性通航五级船闸和一架升船机；各坝段布置从右至左依次为：右岸非溢流坝段、右厂房坝段、泄洪坝段、左厂房坝段、左岸非溢流坝段等，其中泄流坝段长483米。

三峡大坝按千年一遇洪水流量9.88万立方米每秒设计，相应的挡水位为175米；校核按万年一遇洪水加大10%洪水流量12.43万立方米每秒设计，相应的挡水位为180.4米。泄洪坝段布置在河床中部，泄洪设施为深孔和表孔。泄洪坝段前缘总长483米，分为23个坝段，每个坝段中部设宽7米、高9米的泄洪深孔，进口底高程90.0米；2个坝段之间跨缝布置净宽8米的泄洪表孔，溢流堰顶高程158米。为满足施工导流及截流要求，在表孔的正下方跨缝布置22个导流底孔，出口宽6.0米、高8.5米，中间的16个孔进口底高程为56米，两侧各3个孔的进口底高程为57米。

三峡大坝泄洪坝段两侧的厂房坝段及坝后厂房共布置26条电站引水压力管道，进水口位于大坝上游侧，进口底高程为108米，直径为12.4米，在其下部布置7个直径4.5米的圆形排沙孔，进口底高程为70米及90米。在泄洪坝段与两侧厂房坝段相接的导墙（右侧兼作纵向围堰）坝段各布置1个排漂孔，孔宽10米，高12米，进口底高程为133米；右岸厂房二坝段设1个排漂孔，孔宽7米、高10米，进口底高程为130米。两岸非溢流坝段与厂房坝段相接，在左岸非溢流坝段内布置升船机上闸首和临时船闸坝段。

临时船闸坝段为2孔冲沙闸（进口底高程102米，出口宽5.5米，高9.6米）。

三峡大坝拥有世界上最大的水电站，总装机容量为2250万千瓦。它通过水力发电，为社会提供大量清洁、可再生的能源。这些电力满足了周边城市生活和工业的需求，还输送到更远的地区。

三峡大坝的建设使得长江上游的航道得到了极大的改善，增加了航道的通过能力，提高了航运的效率和安全性。五级船闸可以容纳超过万吨级的大型船只通过。年单向通航能力由1000万吨提高到5000万吨，运输成本降低35%～37%。

三峡大坝通过灌溉渠道向周边地区提供大量的灌溉水源，支持当地的农业生产。三峡大坝可以储存和调节大量的水资源，满足周边城市和工业用水需求，同时还可以进行水资源的合理调配。

三峡大坝的建设增加了就业机会，提高了当地居民的收入水平，为周边地区提供了灌溉水源，支持了农业生产。同时，三峡大坝的建设还推动了库区旅游业的快速发展，吸引了大量游客前来观光。

三峡大坝的建设是中国实现能源结构调整、推动绿色低碳发展的重要举措。它展示了中国在水利工程技术和创新方面的实力，为全球水利工程建设提供了有益的经验和借鉴。

【延伸阅读】数说名山圣水

"我们就是黄河,我们就是泰山……"这么豪迈的歌声与泱泱华夏相匹配,唱出的是一个民族的精气神。中国的山,中国的水,中国的山水最壮美。

泰山: 泰山是中国五岳之一,位于山东省中部。

海拔高度: 1545 米

面积: 426.6 平方公里

著名景点: 岱庙、玉皇顶、天柱峰、南天门、十八盘等

重要历史事件: 作为中国古代的重要祭祀地和旅游胜地,泰山吸引了无数人前来朝拜和欣赏美景。其中,最著名的历史事件是明朝永乐年间,朱棣曾多次到泰山祭祀,修建了玉皇殿和南天门等建筑。

昆仑山: 昆仑山是中国西南部的一座连绵群山,横跨新疆、西藏、青海三个省区。

总长度: 3000 公里

最高点: 梅里雪山,海拔 6740 米

著名景点: 冰川、湖泊、高山草甸、珍稀动植物、原始民族村寨

重要历史事件： 昆仑山是中国古代历史上著名的"西王母山"，传说中是仙女居住的地方。昆仑山还是古代丝绸之路的重要组成部分，为文化和商业交流提供了重要通道。

长江：长江是中国最长的河流，流经中国的11个省市。

总长度： 6300公里

流域面积： 约一百万平方公里

年平均径流量： 9.6万亿立方米

重要城市： 重庆、武汉、南京、上海等

重要历史事件： 长江是中华民族的母亲河，自古以来就是中国文化和经济的重要支柱。长江流域是中国古代文明的发源地之一，也是许多历史事件的发生地，如三峡水利工程和南京长江大桥的建设等。

黄河：黄河是中国第二长的河流，流经中国的9个省区。

总长度： 5464公里

流域面积： 约75万平方公里

年平均径流量： 49亿立方米

重要城市： 兰州、银川、郑州、济南、天津等

重要历史事件： 黄河是中华文明的发源地之一，也是中国最早的灌溉和农业发展中心。黄河还曾多次泛滥，给中国的经济和文化造成了巨大的影响。其中，最著名的历史事件是夏禹治水，开创了中国灌溉工程的先河。

从仓颉造字到网云空间

★ 仓颉造字：记录文明的开拓之举

文字记录文明，仓颉功莫大焉。文字诞生的过程证明：生活丰富大脑，实践产生灵感，劳动创造一切。中华民族文明历史没有中断，文字功不可没。

爱我中国
LOVE MY CHINA

仓颉造字

仓颉造字是中国古代神话传说之一。仓颉的籍贯，据《万姓统谱·卷五十二》记载："上古仓颉，南乐吴村人，生而齐圣，有四目，观鸟迹虫文始制文字以代结绳之政，乃轩辕黄帝之史官也。"

相传，仓颉"始作书契，以代结绳"。在此以前，人们结绳记事，即大事打一大结，小事打一小结，相连的事打一连环结。后又发展到用刀子在木竹上刻以符号作为记事。

随着历史的发展，文明渐进，事情繁杂，名物繁多，用打结和刻木的方法，远不能适应需要，这就产生了创造文字的迫切要求。黄帝时期是上古发明创造较多的时期，不仅发明了养蚕，还发明了舟、车、弓弩、镜子和煮饭的锅与甑等，在这些发明创造影响下，仓颉也决心创造出一种文字来。有一年，仓颉到南方巡狩，以"羊马蹄印"为源灵感。仓颉日思夜想，到处观察，看尽了天上星宿的分布情况、地上山川脉络的样子、鸟兽虫鱼的痕迹、草木器具的形状，描摹绘写，造出种种不同的符号，并且定下了每个符号所代表的意义。

他按自己的心意用符号拼凑成几段，拿给人看，经他解说，倒也看得明白。仓颉把这种符号叫作"字"。

相传仓颉在黄帝手下当官。那时，当官的可并不会显得威风，和平常人一样，只是分工不同。黄帝分派他专门管理圈里牲口的数目、屯里食物的多少。仓颉头脑聪明，做事又尽力尽心，很快熟悉了所管的牲口和食物，心里都有了谱，难得出差错。可慢慢地，牲口、食物的储藏量在逐渐增加、变化，光凭脑袋记不住了。当时又没有文字，更没有纸和笔。怎么办呢？

仓颉整日整夜地想办法，先是在绳子上打结，用各种不同颜色的绳子，表示各种不同的牲口、食物，用绳子打的结代表每个数目。但时间一长久，就不奏效了。这增加的数目在绳子上打个结很便捷，而减少数目时，在绳子上解个结就麻烦了。仓颉又想到了在绳子上打圈圈，在圈子里挂上各式各样的贝壳，来代替他所管的东西。增加了就添一个贝壳，减少了就去掉一个贝壳。这法子挺管用，一连用了好几年。

黄帝见仓颉这样能干，叫他管的事情愈来愈多，年年祭祀的次数，回回狩猎的分配，部落人丁的增减，也统统叫仓颉管。仓颉又犯愁了，凭着添绳子、挂贝壳已不抵事了。怎么才能不出差错呢？这天，他参加集体狩猎，走到一个三岔路口时，几个老人为往哪条路走争辩起来。一个老人坚持要往东，说有羚羊；一个老人要往北，说前面不远可以追到鹿群；一个老人偏要往西，说有两只老虎，不及时打死，就会错过了机会。仓颉一问，原来他们都是看着地上野兽的脚印才认定的。仓颉心中猛然一喜：既然一个脚印代表一种野兽，我为什么不能用一种符号来表示我所管的东西呢？他高兴地拔腿奔回家，开始创造各种符号来表示事物。果然，把事情管理得头头是道。

黄帝知道后，大加赞赏，命令仓颉到各个部落去传授这种方法。渐渐地，这些符号的用法全推广开了，就这么形成了文字。

网云空间

这是一个新的领域，这是一个大的空间，从传统的汉字到海量的网云空间，这是文字记录史上的重大变化。青少年决不可沉迷网络，而是要驾驭和运用网络。擦亮眼睛，站稳立场，才能在网络上畅快冲浪，攻防自如。

云空间也可以叫云服务器或者云主机，是云计算在基础设施应用上的重要组成部分，它除了可以存储文件资料，还可以安装程序，基本上就是一个云端的服务器，使用起来和虚拟主机一样方便。

云空间是一种计算机科学术语，由多台服务器提供负

载均衡，资源网站实际按需要进行动态分配，适合网站比较多或者是网站建设公司。

云空间具有独立 IP，可以创建多个站点，比较适合不懂程序，但对空间性能要求较高的人。而且我们不用担心服务器的安全和环境配置等问题，可以安心的把网站程序源码上传一下就可以。

云空间还是一个安全存储文件、照片、视频、联系人等重要数据的私人保险箱，支持常用数据在手机、平板、电脑设备上保持同步更新和自动进行整机数据备份。

随着云计算技术的不断成熟和普及，云空间将得到更加广泛的应用，并逐渐成为用户存储和共享数据的先进方式。云空间将朝着更先进别的共享和协作方向发展。未来的云空间将不仅仅是简单的存储空间，还将提供更多的协作工具和功能，如在线编辑、评论、版本管理等，进一步提升用户的工作效率和协同能力。

未来的云空间产品将提供更加强大的加密和访问控制等机制，确保用户数据的保密性和完整性。

随着云计算技术的发展，云空间的前景十分广阔，将逐渐成为用户存储和共享数据的主流方式，并持续提供更多先进的协作工具和机制。

【延伸阅读】云计算

用好云计算，畅游大空间，攻防有学问，一步一层天。云计算技术将成为企业和个人日常生活中不可或缺的一部分。随着数字化的加速发展，云计算技术在未来的应用前景非常广泛。

在当今数字化飞速发展的时代，云计算已成为企业和个人不可或缺的一部分。简单来说，云计算就是通过网络将计算资源和服务集中在一起，实现按需分配、弹性扩展的一种服务模式，核心在于虚拟化技术，它可以将物理资源（如服务器、存储设备、网络设备等）转化为虚拟资源，实现资源的动态分配和管理。通过这种方式，用户可以像使用本地计算机一样，通过网络访问和使用这些虚拟资源。云计算服务通常采用按需使用和付费的模式。用户可以根据自己的需求，随时申请和释放计算资源，并按照实际使用量支付费用。这种灵活的方式有助于降低企业的运营成本，提高资源利用效率。在云计算环境中，多个用户可以共享同一套物理资源。通过多租户技术，云计算提供商可以在保证安全性和隔离性的前提下，实现资源的最大化利用，降低成本。

云计算的优势体现在以下几个方面。

一是降低成本。云计算可以帮助企业降低硬件设备的投入成本，减少维护和升级的费用。此外，按需付费的模式使得企业可以根据实际需求调整资源投入，避免资源的浪费。

二是提高灵活性。云计算具有高度的弹性，可以根据业务需求快速扩展或缩减计算资源。这种灵活性使得企业能够轻松应对业务增长、高峰期或突发事件，确保业务的稳定运行。

三是简化管理。云计算为企业提供了丰富的开发工具和服务，使得企业能够更快速地开发、测试和部署新应用。这有助于企业抓住市场机遇，实现业务的快速增长。

总之，云计算作为一种新型的计算和服务模式，正在改变着我们的生活和工作方式。随着技术的不断进步和应用场景的不断拓展，云计算将在未来发挥更加重要的作用。

九

从**大禹治水**到**南水北调**

★ 大禹治水：心系苍生的豪情壮举

心系苍生，三过家门而不入；锲而不舍，有志者事竟成。大禹治水的故事告诉后人，既要有治水的热情，还要有治水的本领，才能根治水患，造福百姓。

74

大禹治水

尧在位的时候,黄河流域发生了很大的水灾,庄稼被淹,房子被毁,老百姓只好往高处搬。尧召开部落联盟会议,商量治水的问题。他征求四方部落首领的意见,派谁去治理洪水呢?首领们都推荐鲧。尧却对鲧不大信任。首领们说:"现在没有比鲧更强的人才了,试一下吧!"尧才勉强同意。鲧花了9年时间治水,没有把洪水制服。因为他只懂得水来土掩,造堤筑坝,结果洪水冲塌了堤坝,水灾反而闹得更凶了。舜接替尧当部落联盟首领以后,亲自到治水的地方去考察。他发现鲧办事不力,又让鲧的儿子禹去治水。

禹新婚不久便为了治水到处奔波。他吸取了父亲的经验教训,采取了疏导的办法,带领百姓开渠排水,疏通江河,兴修水利,灌溉农田。传说禹在治水的十三年当中,三次经过自己的家门,都没有进去。他一直想着老百姓仍在遭受洪水的祸害,庄稼被淹,房子被毁,于是,三次经过家门都顾不上进去探望家人。他和老百姓一起劳动,戴着箬帽,带头挖土、挑土,累得磨光了小腿上的毛。经过十三年的努力,

大禹终于治好了水患，把洪水引到大海里去，地面上又可以供人种庄稼了。

舜年老以后，也像尧一样，物色部落联盟首领。大禹因为治水有功，就被舜选定为自己的继承人。舜死后，大禹继任了部落联盟的首领，在他的治理下，部落和平，九州安定。

大禹先大家后小家，心系苍生，敢于奉献的精神成为中华民族的思想精髓，时刻鼓舞着后世子孙。大禹灵活变通，不墨守陈规，因地制宜，吸取前人宝贵经验的做事方式正是当代人需要的。大禹治水的精神，告诉后人，有志者事竟成！

南水北调

同样是治水，大禹因势利导，终成正果。南水北调工程治水，是需求牵引，是给干渴的土地送来的救命水、及时雨，是大爱无疆的民心工程。

南水北调是从长江最大支流汉江中上游横跨湖北和河南两省的丹江口水库调水（水源主要来自汉江），在丹江口水库东岸河南省淅川县境内工程渠首开挖干渠，经长江流域与淮河流域的分水岭方城垭口，沿华北平原中西部边缘开挖渠道，通过隧道穿过黄河，沿京广铁路西侧北上，自流到北京市颐和园团城湖的输水工程。输水干渠地跨河南、河北、北京、天津4个省、直辖市。受水区域为沿线的南阳、平顶山、许昌、郑州、焦作、新乡、鹤壁、安阳、邯郸、邢台、石家庄、保定、北京、天津等14座大中城市。重点解决河南、河北、北京、天津4省市的水资源短缺问题，为沿线十几座大中城市提供生产生活和工农业用水。供水范围内总面积15.5万平方千米，输水干渠总长1277公里，天津输水支线长155公里。

丹江口大坝加高后，丹江口水库正常蓄水位达到170米，在此条件下可保证规划调水量。2020年在汉江中下游适当做些补偿工程，调水到北方地区的同时，保证调出区的工农业发展、航运及环境用水。

2014年12月12日，南水北调中线工程正式通水。

截至2022年11月，南水北调中线一期工程向河北省

输水超 163 亿立方米。

截至 2023 年 12 月，南水北调中线工程已累计调水超 670 亿立方米（含东线北延应急供水工程），为 1.76 亿人提供了水安全保障。

2023 年 12 月，南水北调东中线工程累计调水超过 670 亿立方米，惠及沿线 44 座大中城市，直接受益人口超过 1.76 亿人。中线通水可极大地缓解中国中部和北方地区的水资源短缺问题，为京津冀协同发展、中部崛起、黄河流域生态保护和高质量发展等国家重大战略实施提供了有力的水资源支撑。

下一步，水利部将全力推进《南水北调工程总体规划》修编和东线二期工程、西线工程前期工作，继续加快推进数字孪生水网南水北调工程建设，为加快构建完善国家水网主骨架和大动脉、不断提升国家水安全保障能力提供坚实支撑。

【延伸阅读】都江堰

> 古有都江堰，距今两千年，人民有智慧，巧分水资源。"以水为师"，中华民族善于借鉴和运用历史经验，探寻人与自然的和谐相处之道，作为历经两千年历史风雨依然高效发挥着实际效用的水利工程，这在世界水利工程史上，及至人类社会发展史上也是极为少有的。

都江堰是位于中国四川省成都市都江堰市的一座古代水利工程，也是世界上最古老的灌溉工程之一。它由蜀国时期的著名水利工程师李冰和他的儿子修建于公元前276年至公元前251年间，距今已有约2300多年的历史。

爱我中国
LOVE MY CHINA

都江堰是一项以解决灌溉问题为主要目的的水利工程。它利用岷江和大渡河的水源，通过引水渠道将水引入平原地区，为周边的农田提供了充足的灌溉水源。都江堰还在引水过程中设置了分水堰，以合理分配水量，保证农田的灌溉效果。

都江堰不仅解决了灌溉问题，还在一定程度上调节了水灾和干旱的发生。它把岷江的洪水引入渠道，减轻了下游的洪水压力，同时在干旱季节为农田提供了稳定的水源。

都江堰是中国古代水利工程的杰作，也是世界文化遗产。它不仅具有重要的经济价值，还体现了中国古代人民在水资源利用方面的智慧和技术水平，对水资源的合理利用和管理具有重要的启示意义。

同时，都江堰也成了一处独特的旅游景点，吸引着众多游客的关注和赞赏。

从七星闪烁到北斗组网

★ 七星闪烁：季分四时的经纬斗柄

　　天上星、亮晶晶，北斗七星耀星空。在繁星闪耀的辽阔宇宙间，北斗给人以方位、给人以光亮，也给人以无尽的想象。

爱我中国
LOVE MY CHINA

七星闪烁

北斗七星，是北半球天空的重要星象，因七星曲折如斗，故而得名。北斗七星由天枢、天璇、天玑、天权、玉衡、开阳、摇光（又称作瑶光）七颗星组成，古代也分别称为贪狼、巨门、禄存、文曲、廉贞、武曲、破军。中国古代把恒星天空划分成三垣二十八宿，北斗七星是属于紫微垣的一个星官。据《晋书·天文志》记载："枢为天，璇为地，玑为人，权为时，玉衡为音，开阳为律，摇光为星。"

在现代天文学中，星等是衡量天体光度的量，星等值越小表示恒星发出的光越亮。在七颗星中，"玉衡"最亮，亮度为1.77等，"天权"最暗，亮度为3.31等。七星中的"开阳"看起来是一颗星，但在"开阳"附近还有一颗很小的伴星，称为"辅"或"开阳增一"。而在西方的星座划分中，北斗七星则位于大熊座的尾部。目前西方天文学界采用拜耳命名法，每颗星星的名字由一个希腊字母加上该星座的名称表示，且这个希腊字母在字母表中的顺序代表了这颗星在该星座中的亮度排名。根据拜耳命名法，北斗七星分别称为：大熊座 η、大

熊座 ζ、大熊座 ε、大熊座 α、大熊座 β、大熊座 γ、大熊座 δ，其中前三颗星组成北斗的斗柄，后四颗星组成北斗的斗身。

战国时期编成的《甘石星经》记载："北斗星谓之七政，天之诸侯，亦为帝车。"君王坐着北斗七星视察四方，定四时，分寒暑。《鹖冠子》的表述更为清晰："斗柄东指，天下皆春；斗柄南指，天下皆夏；斗柄西指，天下皆秋；斗柄北指，天下皆冬。"

北斗组网

北斗组网，是中国人洗雪愁怨的标志性事件，也是中国人自力更生，解决问题的范例。北斗组网后提供的全球导航定位服务，正在造福中国人民，造福世界和平事业。

北斗的研发不仅耗费了大量的人力、财力与物力，北斗还承载着中国摆脱屈辱的"使命"。

1993 年 7 月 7 日，中国一艘名为"银河号"的载货轮船从天津新港启航。

可是在 7 月 23 日，也就是"银河号"按着既定航线航行了 16 天之后，中国外交部突然收到了美国大使馆的紧急照会，宣称"银河号"上载有制造化学武器前体的化学品，强势要求中国的"银河号"停止航行，并且提出了要么让

北斗组网

BEI DOU ZU WANG

美国人登船检查货物；要么停留在某个地点等候美国发落，否则就会按照国内法制裁中国。

面对美国大使馆的无理要求，中国外交部当然是拒绝的。之后，美国居然擅自运用军事手段逼停了"银河号"，同时还"任性"地切断了"银河号"所在区域的GPS导航服务，导致"银河号"停止航行。在接下来的30多天，"银河号"上的中国船员被迫无奈，只好在燥热的印度洋上漂泊。

这次意外停航，让"银河号"的船员们措手不及。因为食物不够，他们只好通过钓鱼的方式来填饱肚子；因为没有正常摄入淡水和蔬菜，他们陆续患上了坏血病，身上的皮肤开始溃烂。

最后，当时中国政府因为不忍看到国民受苦，在没有其他办法的情况下，只好咬紧牙关吞下了耻辱，点头答应了美国要登船检查货物的无理要求。

因为有了"银河号"的屈辱过去，中国意识到了全球

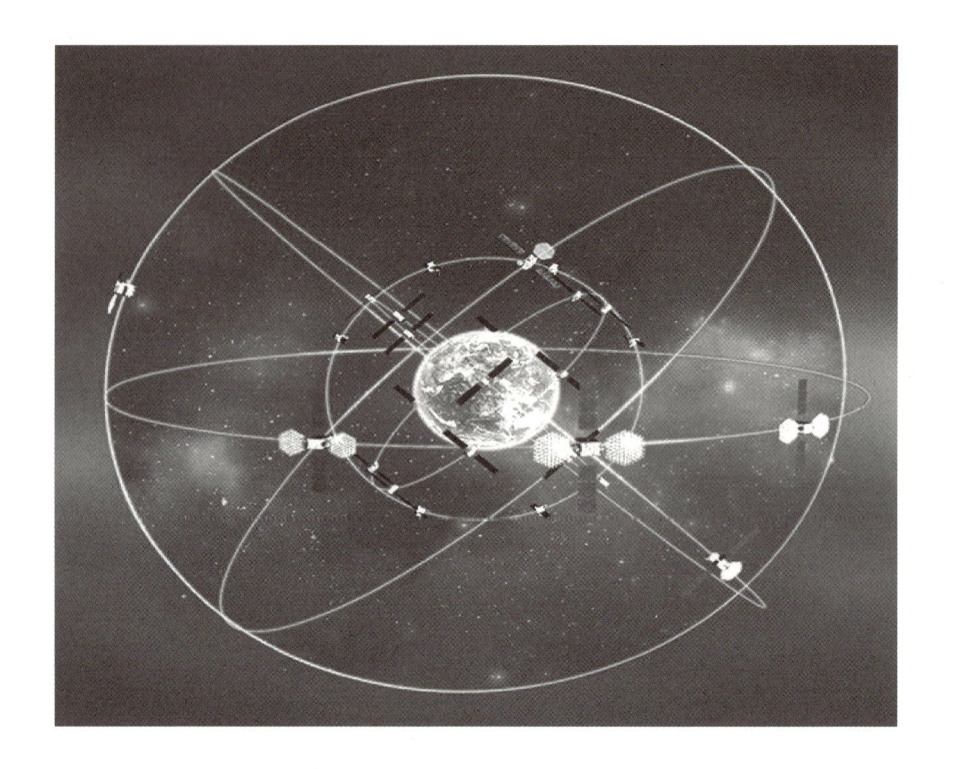

卫星导航系统的重要性，所以中国有了无论花多少钱都要建立自己的全球卫星导航系统的决心。"银河号"事件结束后的第二年，也就是1994年，中国决心要自己研发一套导航系统。

可是，要自主建立一套完善的全球导航系统，其中要耗费的心血是很大的。经过了十多年的卧薪尝胆的努力，排除万难后，2000年10月31日，中国第一颗导航定位卫星北斗-1A终于成功发射，接着两个月之后，随着北斗-1B的发射成功，说明了中国范围覆盖的区域导航和定位工作初步完成，这一套系统就是北斗一号。北斗一号的建成标志着北斗系统终于完成了第一阶段的研究。

2002年，欧盟15个成员国决定启动"伽利略"计划，打造属于欧洲人自己的卫星导航系统。2003年，中国正式加入"伽利略"计划，并对此次研发投入了2.3亿欧元，但在美国的挑拨下欧洲各国慢慢把中国排除在外。2006年，中国退出了计划。

曾经的屈辱如今都成了中国成功逆袭的踏脚石。

有了"银河号"事件的屈辱在前，再有欧洲的"背叛"，北斗系统的建设发展受到了中国的高度重视。在这样的决心下，中国开始了北斗二号的研究。北斗二号并不只是作为北斗一号的延伸，它除了克服北斗一号的不足以外，还同时提供了海、陆、空全方位的全球导航定位服务。

在2020年的7月31日的上午，由中国自主研发北斗三号全球卫星导航系统（BDS）正式开通。标志着中国是在继美国的GPS、俄罗斯的GLONASS以及欧盟的GALILEO之后，成为了第四个由联合国卫星导航委员会认定的供应商，同时向世界宣告了中国从此摆脱因为没有自己的卫星导航而带来的屈辱。

【延伸阅读】北斗系统服务世界

从古人仰望北斗七星，到今天的北斗组网服务全世界，中国人民用智慧和毅力，展示了宽广的胸怀和大国的担当。

中国的北斗三号以势如破竹的速度进行组网卫星的发射。2017年11月5日，中国同时发射了两颗北斗三号的组网卫星，标志着北斗三号"下饺子"式的发射工程正式开始。

2018年1月12日，成功发射北斗三号的第三、第四颗组网卫星。

一个月后的2月12日，成功发射北斗三号的第五、第六颗组网卫星。

五个月后的7月29日，成功发射北斗三号的第九、第十颗组网卫星。

不到一个月之后的8月25日，成功发射第十一、第十二颗组网卫星。

不到半个月之后的9月19日，成功发射第十三、第十四颗组网卫星。

接着10月15日，成功发射第十五、第十六颗组网卫星。

到了11月1日，成功发射了一颗特殊的地球静止轨道卫星，同时，这也是第十七颗组网卫星。

接下来，11月19日，继续成功发射第十八、第十九颗组网卫星。

最后在年底的12月27日，中国向全世界宣布北斗三号的系统已经基本完成建设，并且当日便开始提供全球服务。

中国的北斗卫星导航系统从无到有，发展到今天，已经可以在全世界范围内提供全天候、全天时的服务，不管是谁，都可以通过北斗卫星导航系统得到高精度、高可靠定位以及导航和授时服务。

授时的精度甚至达到了10纳秒。中国的北斗卫星导航系统以领先于其他几个导航系统五年的技术优势，服务于全世界百余个国家。

面向未来，中国将建设技术更先进、功能更强大、服务更优质的北斗系统，建成更加泛在、更加融合、更加智能的综合时空体系，提供高弹性、高智能、高精度、高安全的定位导航授时服务，更好惠及民生福祉、服务人类发展进步。

建强北斗卫星导航系统，建成中国特色北斗系统智能运维管理体系，突出短报文、地基增强、星基增强、国际搜救等特色服务优势，不断提升服务性能、拓展服务功能，形成全球动态分米级高精度定位导航和完好性保障能力，

向全球用户提供高质量服务。

推动北斗系统规模应用市场化、产业化、国际化发展，提供更加优质、更加多样的公共服务产品，进一步挖掘市场潜力、丰富应用场景、扩大应用规模，构建新机制，培育新生态，完善产业体系，加强国际产业合作，打造更加完整、更富韧性的产业链，让北斗系统发展成果更好惠及各国人民。

构建国家综合定位导航授时体系，发展多种导航手段，实现前沿技术交叉创新、多种手段聚能增效、多源信息融合共享，推动服务向水下、室内、深空延伸，提供基准统一、覆盖无缝、弹性智能、安全可信、便捷高效的综合时空信息服务，推动构建人类命运共同体，建设更加美好的世界。

十一

从*神农创耒*到*现代农业*

★ 神农创耒：耕耘沃土的原始重器

　　劳动，是人与其他物种的根本区别。在劳动中创造并使用生产工具，是人类的伟大之处。神农在长期的劳动过程中创造了耒，提高了劳动效率，理应受到世人的敬重。

爱我中国
LOVE MY CHINA

神农创耒

远古时代，人们居无定所，常常饥寒交迫。炎帝被拥戴为南方各部落联盟长之后，下决心改变这种状况。他遍游天下，广尝百草，发现稻、黍、稷、麦、菽五谷，可以种植，定期收获，于是向人们广传五谷种植技术。没过多久，人们纷纷向炎帝反映，因土地十分板结，种植的五谷容易枯萎。

为了找到对付土块板结的良方，炎帝率领得力助手垂，溯湘江而上，登上了雄伟的衡山，耳听八百里气息，眼观千里外风光。一阵欢声笑语传来，炎帝看到了一条神奇的河，有一节首尾欲接而未接。那儿一派祥和景象，令炎帝大为开怀，立即与垂径奔而至。

这天正好风和日丽，女的在烧火做饭，男的在抓鱼捉虾。最吸引炎帝目光的，是一个中年汉子正用一根木棍撬开石块，捉出一只又一只肥蟹。炎帝走过去，接过木棍，连撬几块石头，发现比用手扳省力多了。炎帝随手把木棍往土块上一插，再一撬，那板结的土块立即松散开。

炎帝大喜过望，立即叫垂和那捉蟹的

中年汉子一起过来，研究用木棍撬土之法。几经试验，略弯曲的木棍比直木好用，下端尖利的木棍更易入土。这时，几只肥蟹舞着大钳，一会儿就在泥土中扒了一个洞。炎帝灵机一动，如果木棍下端也做成蟹钳一样的尖叉，松起土来一定更顺畅。很快，耒耜的雏形被创造出来了。人们发现创制耒耜的是久已仰慕的非凡人物炎帝，一齐欢呼雀跃："神农，神农，您是上天派来拯救生民的神农啊！"河畔人声立即沸腾起来。

为了制作更多的耒耜，捉蟹汉子和他的伙伴们自告奋勇，进入一座座深山老林寻找合适的材料，但很难找到大小长短合适的曲木。面对一大堆不规则的木料，扳来压去，也做不成满意的耒。

炎帝一时无策，信步来到做饭的灶火前，见一位大嫂把湿木塞进火里，那湿木在大火烘烤下自然弯曲了。炎帝立即叫垂架起火堆，一边烘烤，一边按人的意愿弯曲木料，一柄漂亮适用的耒造出来了。这就是"揉木为耒"。炎帝亲自使用耒耕作，不断改进，不但定准了耒的长短尺寸，还把下端尖叉改削成上宽下窄的锋面耜。这就是"斫木为耜"。耒的总长六尺六寸，底长一尺一寸，中央直者三尺三寸，勾者二尺二寸，耒下向前曲处接耜。这一规格刚好适宜平均身高七尺的男人，使他们使用起来得心应手。在炎帝神农氏的领导下，一柄柄规范的耒耜制作出来了。捉蟹汉子和垂分头行动，广传神农氏耒耜使用和五谷种植技术，使江南成为古代农业最发达的地区。

为了纪念炎帝这一伟大创举,更因为这段河流很像耒的底前曲,炎帝神农氏遂将这条神奇的河流命名为"耒水",并加封为推广耒耜立下巨功的垂为"垂神",捉蟹汉子为"耒神"。到秦始皇统一全国实行郡县制的时候,便将耒水流域的广阔地区设置为"耒县",汉时改为"耒阳县"。具有五千余年悠久文明的耒阳,从一诞生得名起,就千古不变。耒阳民间几千年来一直使用的禾叉,就有古代的耒的痕迹;当地农民对农具历来有种特别神圣的敬重感,每年开春都要先祭祀再下地耕作。兴建的神农庙,中间神像为威武的神农像,左为垂神,右为耒神,年年香火鼎盛,其间浓聚了对中华民族始祖炎帝神农氏创耒的无限深情!

★ 现代农业

农业的发展在于机械化,在于现代化。现代农业面貌一新,依赖于科学治理。只有把现代农业这个最大的民生工程搞好了,中国人的饭碗才能端在自己手上。

现代农业是智慧农业，是智慧经济为主导、大健康产业为核心的自动化、个性化、艺术化、生态化、规模化、精准化农业。

现代农业是健康农业、有机农业、绿色农业、循环农业、再生农业、观光农业的统一，是田园综合体和新型城镇化的统一，是农业、农村、农民现代化的统一。现代农业是现代产业体系的基础。发展中国家发展现代农业可以加快产业升级、解决就业问题、消灭贫困、缓解两极分化、促进社会公平、消除城乡差距、开发国内市场、形成可持续发展的经济增长点，是发展中国家农业发展的必由之路，是发展中国家实现赶超战略的主要着力点。我国发展现代农业是解决"三农"问题的根本途径，是经济可持续发展、实现赶超战略的根本途径。

一整套建立在现代自然科学基础上的农业科学技术的形成和推广，使农业生产技术由经验转向科学，如在植物学、动物学、遗传学、物理学、化学等科学发展的基础上，育种、栽培、饲养、土壤改良、植保畜保等农业科学技术得到了迅速提高和广泛应用。

现代机器体系的形成和农业机器的广泛应用，使农业由手工畜力农具生产转变为机器生产，如技术经济性能优良的拖拉机、耕耘机、联合收割机、农用汽车、农用飞机以及林、牧、渔业中的各种机器，成为农业的主要生产工具，使投入农业的能源显著增加，电子、原子能、激光、遥感技术以及人造卫星等也开始运用于农业。良好的、高效能的生态系统逐步形成。

农业生产的社会化程度有很大提高，如农业企业规模的扩大，农业生产的地区分工、企业分工日益发达，"小而全"的自给自足生产被高度专业化、商品化的生产所代替，农业生产过程同加工、销售以及生产资料的制造和供应紧密结合，产生了农工商一体化。经济数学方法、电子计算机等现代科学技术在现代农业企业管理和宏观管理中运用越来越广，管理方法显著改进。

现代农业的产生和发展，大幅度地提高了农业劳动生产率、土地生产率和农产品商品率，使农业生产、农村面貌和农户行为发生了重大变化。

【延伸阅读】大国粮仓

> 中国粮食总产量9连增，这是政策好、人勤奋、天帮忙、科技给力的结果。只要把农业这个"国之大者"摆到位、抓到位、投入到位、保障到位，就会让大国粮仓年年丰满。

五谷归仓，又迎来一个丰收年。国家统计局公布的数据显示，2023年全国粮食总产量13908.2亿斤，比上年增加177.6亿斤，增长1.3%，连续9年稳定在1.3万亿斤以上。在自然灾害多发频发的情况下，粮食生产抗过台风、干旱、洪涝等多重挑战，取得这份丰收答卷，殊为不易。

粮食安全是"国之大者"。沉甸甸的粮袋子，背后不仅是经济账，更连着政治账。今年以来，受极端天气多发、贸易保护主义抬头和地缘政治动荡等多重因素叠加影响，国际粮食市场复杂多变，价格波动剧烈。我国防灾减灾救灾科学有效，市场调节及时有力，牢牢稳住了农业基本盘。全年粮食产量再创新高，折射出我国粮食供给保障能力稳步提升，为加快建设农业强国奠定了坚实基础，也为应对各种风险和挑战赢得战略主动。

看丰收，"中国粮食""中国饭碗"成色越来越足。从严格落实粮食安全党政同责，到优化粮食品种结构和区域布局，再到推进间套复种、整改复耕，各地积极盘活存量、挖掘增量，播种面积连续4年增加，为粮食丰收打下扎实基础。今年中央一号文件提出"实施新一轮千亿斤粮食产能提升行动"，在环境资源约束下，与面积相比，粮食单产提升潜力还很大。

从实践来看，立足耕种管收、地种药肥全环节找差距，集成配套各类资源措施，300个重点县整建制推进单产提升，对粮食丰收的贡献率达到73%，成为今年秋粮增产的鲜明亮点。

当前，全球粮食产业链和供应链不确定风险增加，我国粮食供求紧平衡的格局长期不会改变。"确保国家粮食安全和主要农产品有效供给，是发展农业的首要任务。"解决吃饭问题，根本出路在科技，特别是要紧紧抓住耕地和种子这两个要害。一方面，耕地保护要量质并重，以"长牙齿"的硬招实招保数量、提质量，同时，改革完善耕地占补平衡制度，提高高标准农田建设投入标准，促进良田粮用。另一方面，要发挥我国制度优势，深入推进种业振兴行动、农业关键核心技术攻关等，在"底盘技术"、核心种源、关键农机装备等领域发力，强化创新驱动，加快补上短板弱项，挖掘农业科技增产潜力。

十二

从女娲补天到登月探宝

★ 女娲补天：拯救万民的擎天奇迹

人类时常经受着各类灾害风险的考验，需要起而抗争，去创造美好幸福的生活环境。女娲举补天之力，支天穹、疏水患，为人类获得新生付出了辛劳。

爱我中国

女娲补天

女娲抟土造人的传说可以说是妇孺皆知。然而，女娲的功绩还不止这个，在人类面临天塌地陷的灭顶之灾时，女娲义不容辞，以一己之力补修天地，拯救万民。

女娲创造出人类之后的很长时间里，世界都太平无事，人们一直过着幸福安宁的日子。也许天地如初生婴儿一般，必定要经过风雨洗礼，才会走向成熟。在人类渡过一段美好的时光之后，天地间发生了盘古开天辟地以来最剧烈的变动——天塌地陷。就这样，这场突如其来的变故使人类面临灭顶之灾。

支撑茫茫天穹东南西北四个边角的天柱断了，天空突然塌了下来，崩开巨大的口子，地面也裂开无数道深坑。不少山林燃起了熊熊大火，水从地底喷涌而出，加上天河倾泻，到处巨浪滔天，整个大地变成了一片汪洋。不仅如此，各种凶禽猛兽也纷纷窜出来危害人类。处在如此残酷境地的人们几乎没有办法生存下去。

女娲见人类遭受到如此可怕的灾难，心痛不已。为了解救天下苍生，女娲决定尽己所能把残破的天地修补好。

这项工作既艰巨又复杂，可是女娲不惧艰难、不辞劳苦，以一己之力勇敢地挑起了这个重担。

女娲遍历乾坤，决定炼石补天。她从大江大河里挑选了不少五颜六色的石头，然后架起大火，炼了九九八十一天，才将它们炼成五彩晶石，用它们把天上的窟窿填补好。补好的天空已经青碧一色，好像从来没破损过。

女娲担心补好的天再塌下来，就斩杀了一只在水下作乱的大乌龟，用它的四只脚撑住了天的四极。有了这四根天柱，天空如同帐篷般被撑了起来，天地又恢复了以前的稳定。

那时候，除了各种凶禽恶兽，还有一条凶恶的黑龙在中原大地上到处残害生灵，女娲先将黑龙斩杀了，随后又赶走了祸害人间的其他恶禽猛兽，使人类不再受到它们的威胁。

这样一来，只剩下洪水泛滥的问题还没有解决。女娲想了想，把河边的芦草烧成灰，用堆积起来的芦灰吸附洪水，于是，滔天的洪水也被遏止了。

经过女娲的辛劳整治，人类死里逃生，重新获得了生的希望，并不断繁衍生息，绵延到今天。

⭐ 登月探宝

月球的宝藏引人入胜，月球的秘密值得探寻。青少年朋友们正值学习创造的大好年华，要想实现登月探宝的梦想，需要付出"女娲补天"般的辛劳。

2013年3月3日，嫦娥二号、嫦娥三号总指挥、总设计师在北京接受专访时表示，根据航天白皮书公布，中国已开始载人登月工程关键技术的攻关。

2023年5月29日，中国载人航天工程办公室表示，中国载人月球探测工程登月阶段任务已启动实施，计划在2030年前实现中国人首次登陆月球，中国载人航天工程办

公室已全面部署开展各项研制建设工作，包括研制新一代载人运载火箭（长征十号）、新一代载人飞船、月面着陆器、登月服等飞行产品，新建发射场测试相关发射设施设备等。

2023年7月12日，中国载人航天工程办公室在武汉举办的第九届中国（国际）商业航天高峰论坛上披露，我国计划在2030年前实现载人登陆月球开展科学探索，其后将探索建造月球科研试验站，开展系统、连续的月球探测和相关技术试验验证。初步方案是：采用两枚运载火箭分别将月面着陆器和载人飞船送至环月轨道在轨交会对接，航天员从飞船进入月面着陆器。其后，月面着陆器将单独下降着陆于月面预定区域，航天员登上月球开展科学考察与样品采集。在完成既定任务后，航天员将乘坐着陆器上升至环月轨道与飞船交会对接，并携带样品乘坐飞船返回地球。为完成这项任务，我国科研人员正在研制长征十号运载火箭、新一代载人飞船、月面着陆器、载人月球车等装备。

"俱怀逸兴壮思飞，欲上青天揽明月。"中国航天人弘扬"追逐梦想、勇于探索、协同攻坚、合作共赢"的探月精神，锲而不舍地铺筑探月之路，中华民族可上九天揽月的梦想，正在变成现实。

【延伸阅读】月球探秘

> 月球秘密有多少，千万年未知晓，月球舍身护地球，造福人类称共享。

1969年7月20日，美国宇航员阿姆斯特朗成功登上月球，实现了人类的太空梦。登月计划始于1961年，当时美国总统肯尼迪发起了阿波罗计划。此后的8年间，阿波罗计划先后进行了17次太空飞行，最终实现了人类登月的壮举。

自阿波罗计划以来，各国纷纷投入探月事业。苏联的月球车，欧洲的月球探测器，中国的嫦娥探测器等都在不断地拓展人类对月球的认知。这些探测器向地球传回的数据，帮助科学家们研究月球的成分、地形、历史等信息。

月球的资源储备丰富，如氦-3等，对于解决地球的能源短缺问题具有重要意义。近年来，各国纷纷开始研究月球资源开发，为未来太空产业提供支持。此外，月球作为地球附近的天然卫星，对于发射通讯卫星和研究太空探测技术具有重要价值。

随着探月计划的推进，人类已经开始考虑建立月球基地。月球基地将有助于研究月球环境，开发月球资源，提

供太空旅行的中转站。欧洲、美国、中国等国家都在规划月球基地的建设。

未来探月计划将更加注重国际合作。太空探索不再局限于个别国家的竞争，而是全球科学家的共同努力。探月计划不仅会带来科技突破，还将推动地球资源的可持续利用。在未来几十年内，我们将看到更多有关月球的惊人发现。

随着航天技术的不断进步，月球旅游正成为现实。一些私营企业已经开始筹划载人飞行任务，以满足人们对太空旅行的渴望。虽然月球旅游目前仍处于起步阶段，但预计在未来几十年内，随着技术的成熟和成本的降低，月球旅游将变得越来越普及。

月球的生态环境与地球截然不同。月球上没有大气层、水资源有限且表面温度极端。这使得月球生态环境研究成为了一项重要任务。通过研究月球环境，科学家们希望能为人类在月球上的生存和工作提供宝贵的经验，同时也有助于地球上的环境保护工作。

为了实现更有效的月球探测，科学家们不断地在技术上取得突破。新型月球车、无人驾驶技术、远程操控机器人等技术，都在为月球探测提供新的可能。此外，人工智能和量子通信等前沿技术的发展也为月球探测带来了巨大的潜力。

月球对地球产生的影响不容忽视。月球的引力对地球产生潮汐作用，影响海洋、气候和生态系统。同时，月球对地球的影响还体现在文化各方面。通过研究月球，我们能更好地理解地球的起源和演化，从而更好地保护我们赖以生存的家园。

随着月球探测的深入，法律与伦理问题日益凸显。为确保月球的和平利用以及资源公平分配，国际社会需要共同努力，建立一套月球法律法规。此外，月球生态环境保护、遗产保护等方面的伦理问题也需得到重视。只有在法律与伦理的基础上，月球探测才能为人类带来真正的利益和进步。

月球探测作为人类太空探索的重要组成部分，其深度和广度将随着科技的发展不断扩大。从登月到建立月球基地，再到月球旅游和资源开发，月球探测不仅会带给我们丰富的科学知识，还将为人类带来更多地机遇和挑战。面对这一切，我们有理由相信，月球探测将继续成为未来人类太空探索的重要领域。

近日，中国载人航天工程办公室公布了中国载人登月的初步方案，计划2030年前实现登月开展科学探索。从嫦娥一号拍摄全月球影像图，到嫦娥五号带着珍贵月壤返回地球，中国在月球探测中不断取得重大进展，承载着人类的太空探索之梦。

根据中国载人月球探测工程登月阶段的任务方案，中国计划在2030年前实现载人登陆月球，开展月球科学考察及相关技术试验，突破掌握载人地月往返、月面短期驻留、

人机联合探测等关键技术，完成"登、巡、采、研、回"等多重任务，形成独立自主的载人月球探测能力。

其后，中国将探索建造月球科研试验站，开展系统、连续的月球探测和相关技术试验验证，推动载人航天技术由近地走向深空的跨越式发展，深化人类对月球和太阳系起源与演化的认识，为月球科学的发展贡献中国智慧。

后 记

为适应《中华人民共和国爱国主义教育法》颁布实施的新形势，满足社会各界特别是学校开展爱国主义教育的新需求，进一步帮助广大青少年夯实爱国、报国的思想根基，济南出版社特别组织出版骨干力量，在深入调研和充分论证的基础上，推出"爱我中国"系列丛书（全四册）。该套图书精选不同历史时期具有代表性的革命故事、英模事迹、建设成就，以"爱国故事＋延伸阅读＋绘图照片"的形式呈现，力求事理结合、文图兼备、通俗易懂，贴近青少年学习阅读习惯。书中那些改天换地的励志故事、扭转乾坤的铁血抗争、以身许国的赤子情怀、奋进图强的壮丽画卷，都在迸发着"爱我中国"的磅礴力量。

丛书的编撰工作得到国家机关和山东省、济南市宣传教育主管部门的有力指导，得到社会各界的热情支持，得到《雷锋》杂志社、山东省关心下一代工作委员会、山东省立德树人学会、山东孙子研究会等单位的重视帮助。陆继秋、张宁、宋贞贺、张修岩、李国良、秦冲参与研究策划与文稿整理，刘灿校、李国启、仇安、王建勇、张修蒙等参与书稿阅校。在此一并表示诚挚谢意！

编 者

2024 年 6 月

图书在版编目(CIP)数据

励志兴国 / 张振江编著. -- 济南：济南出版社，2024.8. -- (爱我中国). -- ISBN 978-7-5488-6577-3

Ⅰ.D647-49

中国国家版本馆 CIP 数据核字第 2024KA0896 号

爱我中国——励志兴国
AI WO ZHONGGUO——LIZHI XINGGUO

张振江　编著

出 版 人　谢金岭
图书策划　李　岩
责任编辑　姜　山　魏　蕾　张　珣
装帧设计　张　金

出版发行　济南出版社
地　　址　山东省济南市二环南路 1 号（250002）
总 编 室　0531-86131715
印　　刷　济南新先锋彩印有限公司
版　　次　2024 年 8 月第 1 版
印　　次　2024 年 8 月第 1 次印刷
开　　本　165mm×230mm　16 开
印　　数　1-6000 册
印　　张　7.5
字　　数　68 千字
书　　号　ISBN 978-7-5488-6577-3
定　　价　32.00 元

如有印装质量问题　请与出版社出版部联系调换
电话：0531-86131736

版权所有　盗版必究